CHEMIN

VÉRITÉ

VIE

CHEMIN

VÉRITÉ

VIE

Le discipulat,
un parcours
de grâce

David A. Busic

f&s

Éditions Foi et Sainteté
Lenexa, KS (USA)

Droits d'auteur © 2021
The Foundry Publishing
PO Box 419527
Kansas City, MO 64141 (USA)

Initialement publié en anglais sous le titre
Way Truth Life
Par David A. Busic
Publié par The Foundry Publishing

La présente édition est publiée par accord
avec The Foundry Publishing.
Tous droits réservés

ISBN 978-1-56344-940-6

Traduction : Christian Lingua, Inc.
Sauf indication contraire, toutes les citations bibliques sont tirées de la Nouvelle
Édition de Genève 1979, Société biblique de Genève.
Les adresses Internet mentionnées dans cet ouvrage étaient valides au moment
de la publication, mais celles-ci peuvent ne pas être disponibles dans toutes
les langues. Les liens sont fournis à titre documentaire. L'éditeur n'émet pas de
recommandation à leur sujet et ne garantit ni leur contenu, ni leur permanence.

À la mémoire de Robert Busic, un père qui m'a enseigné que le discipulat est un parcours entièrement baigné de grâce et que l'image du Christ est notre destinée.

❖

Enseigne-moi tes voies, ô Éternel ! Je marcherai dans ta fidélité.
Dispose mon cœur
à la crainte de ton nom.
— Psaume 86.11

TABLE DES MATIÈRES

REMERCIEMENTS

On peut exprimer de la gratitude pour toute une kyrielle de motifs allant, par exemple, de la reconnaissance à tous ceux ayant permis de mener à bien une tâche, à une dette de gratitude dont le débiteur sera à jamais redevable. Les remerciements que je voudrais exprimer ici recouvrent ces deux catégories.

Lors de mon élection en tant que surintendant général de l'Église du Nazaréen, je savais que mes collègues du Conseil des surintendants généraux auraient un impact sur ma vie, mais la mesure de leur influence s'est avérée inestimable. Bien qu'il y ait presque toujours des différences d'opinion lors de nos innombrables échanges en tant que leaders, leur engagement à agir fidèlement et dans un esprit de prière pour le bien de l'Église — même lorsque c'est difficile — ainsi que ma confiance absolue en leur force de caractère et en leur pureté de cœur demeurent inébranlables. Filimao Chambo, Gustavo Crocker, Eugenio Duarte, David Graves, Jerry Porter, Carla Sunberg et J. K. Warrick : je vous remercie. Votre influence a inspiré l'écriture de ce livre au service de l'Église afin d'aider à la réalisation de notre mission : « faire des disciples à l'image du Christ dans les nations ».

Je remercie Scott Rainey, directeur des ministères de discipulat internationaux de l'Église du Nazaréen pour son invitation à écrire un livre simple qui met en avant le discipulat dans la sainteté en tant que parcours de grâce. Merci à Bonnie Perry, directrice éditoriale de The Foundry Publishing, pour sa conviction inflexible qu'une bonne théologie écrite et transmise à nos enfants est une tâche importante qui mérite son engagement personnel. Je remercie Audra Spiven qui a mis son sens aigu de la clarté d'expression à profit pour les corrections du présent ouvrage, ne cessant de me dire : « Et si vous le disiez de cette manière-là ? ». Enfin, je souhaite remercier la congrégation nazaréenne de mes jeunes années qui, loin d'être immense du point de vue numérique, est animée d'un amour dépassant toute mesure, qui m'a enseigné que la sainteté n'est pas uniquement ce que Dieu a accompli pour nous en Christ mais aussi ce que Dieu est en train d'accomplir sans relâche en nous par Christ et à travers nous lorsque nous abandonnons nos droits sur notre propre personne et laissons Jésus être Seigneur.

Note de l'auteur

Comme je l'ai fait lors de mes écrits précédents, j'encourage le lecteur à consulter les nombreuses notes de bas de page pour développer une compréhension plus vaste du discipulat et du parcours de la grâce. Ces nombreuses annotations soulignent à quel point je suis redevable à la pensée d'autrui et mon désir de proposer des pistes de réflexions supplémentaires qui auraient alourdi le texte principal. Pour rendre le texte plus abordable, des citations complètes sont présentées au début de chaque chapitre, même dans les cas où l'auteur ou l'ouvrage a déjà été mentionné dans les pages précédentes.

INTRODUCTION

Jésus nous invite à un parcours. « Viens, et suis-moi ». C'est une invitation simple à partir à l'aventure avec un ami faisant l'objet de notre plus grande affection. La vie chrétienne est bien plus qu'une croyance juste. Celle-ci dépasse la simple adhésion intellectuelle. C'est une invitation à emprunter un parcours avec Jésus.

Le discipulat est un autre terme qui désigne notre parcours avec Jésus. Le discipulat, c'est suivre le chemin de Jésus au fil de notre parcours avec lui. Ce chemin nous mène par de nombreux détours, tournants et virages inattendus le long de la route. Parfois, le sentier semble aisé à parcourir, tandis qu'à d'autres moments la pente semble raide et difficile. Cependant, le but ultime (*telos* en grec) du discipulat est toujours le même : être à l'image du Christ.

Si cela vous semble impossible, vous vous trouvez en fait en bonne position pour prendre le départ. En effet, cela serait impossible si nous n'avions pas une certitude primordiale : c'est avec Jésus que nous faisons route. Voilà pourquoi ce parcours est un parcours de grâce.

Lorsque Jésus a dit « Je suis le chemin, la vérité, et la vie » (Jean 14.6), Il évoquait une réalité qui va au-delà d'une équation séquentielle, intellectuelle ou une transaction que nous ferions avec Dieu. Il décrivait la manière relationnelle de laquelle le discipulat voit le jour. En effet, le chemin, la vérité et la vie ne sont pas des abstractions philosophiques ou des principes de vie. Le chemin, la vérité et la vie sont une personne.

Jésus pointait vers le juste *telos* (but) du parcours : la vie véritable telle que Dieu l'a conçue et les moyens par lesquels nous atteignons le but sont le chemin et la vérité, accompli en et par lui-même.[1] Le parcours de grâce est fondamentalement relationnel.

James Smith décrit le discipulat comme « une sorte d'immigration, du royaume des ténèbres jusqu'au royaume du Fils bien-aimé de Dieu (Colossiens 1.13) »[2]. Il utilise ici la terminologie du parcours — un mouvement d'un pays à un autre.[3] Il s'agit d'un changement de citoyenneté et d'allégeance, qui est absolument inaccessible si ce n'est par la grâce de Dieu en Jésus-Christ, qui est le Chemin. Smith poursuit : « En Christ, nous recevons un passeport céleste. En son corps, nous apprenons à vivre comme des « indigènes dans son royaume. Un tel processus migratoire vers un nouveau royaume ne se limite pas à une simple téléportation dans un lieu différent : nous devons nous acclimater à une nouvelle manière de vivre, apprendre un nouveau langage, acquérir de nouvelles habitudes — et désapprendre les coutumes du pays rival dont nous sommes originaires. »[4]

« Je vais vous préparer une place » (Jean 14), cette promesse n'allait pas sans la garantie qu'il avait personnellement réservé nos places pour ce voyage, avec hébergement compris à notre arrivée. Il est notre passeport céleste qui nous permet de devenir citoyens d'un nouveau pays : son royaume. Et le meilleur dans tout cela, c'est qu'il promet de nous accompagner tout le long du chemin jusqu'à notre destination. Jésus sera notre Chemin pendant tout le parcours. C'est là l'espérance du parcours de grâce.

---

1. Richard John Neuhaus définit *telos* comme « le but ultime qui donne un sens à la chose en question ». *Death on a Friday Afternoon: Meditations on the Last Words of Jesus from the Cross*, Basic Books, New York, New York, États-Unis, 2000, p. 127. Baker Books, 2000), 127.

2. James K. A. Smith, *You Are What You Love*, Brazos Press, Grand Rapids, Michigan, États-Unis, 2016, p. 66.

3. John Bunyan, *Le Voyage du pèlerin* (1678) est une fiction ancienne du même concept d'un parcours que l'on suit pour changer de pays ou de royaume.

4. Smith, p. 66.

Je suis le chemin, la vérité et la vie

Lorsque Jésus dit : « Je suis le chemin, la vérité et la vie », Il n'évoque pas un principe abstrait de vie que l'on devrait encadrer et accrocher à un mur. Jésus répond en fait ici à une question posée par des disciples effrayés et empreints de doute. On rencontre cet échange dans une partie de l'Évangile de Jean que les spécialistes appellent « le dernier discours » (les chapitres 14 à 17). Ces quatre chapitres, plus qu'aucun des trois autres évangiles du Nouveau Testament, nous permettent de mieux comprendre ce que Jésus avait à l'esprit en enseignant ses disciples, quelques heures avant sa Passion et sa mort sur la croix. Ainsi, ces chapitres pourraient être considérés comme les dernières volontés, pour ainsi dire le testament, de Jésus-Christ.[5]

Souvenons-nous que les disciples viennent de recevoir une terrible nouvelle. Ils sont rassemblés dans une salle qui leur est prêtée. Ils sont tous serrés les uns contre les autres. Jésus lave les pieds des douze disciples, ce qui met tout le monde mal à l'aise. Puis, il leur annonce que l'un des leurs le trahira très bientôt (13.21). Pour couronner le tout, après avoir parcouru tout le pays ensemble pendant plusieurs années, Jésus leur dit qu'il va les quitter et qu'ils ne peuvent pas aller avec lui (13.33).

Tout cela est très inquiétant ! Jésus ressent le poids de ses paroles s'abattre sur leurs épaules. Il n'est donc pas étonnant qu'il leur dise : « Que votre cœur ne se trouble point » (14.1). Le mot traduit par « trouble » est aussi le mot utilisé pour décrire les eaux de la mer de Galilée au cours d'une tempête déchaînée. Sous des vents forts, les eaux devenaient agitées et bouillonnantes. Il en est de même pour les émotions des disciples. Leurs estomacs sont comme retournés.

---

5. Frederick Dale Bruner appelle les chapitres 14 à 16 de Jean les sermons de Jésus sur le discipulat, le chapitre 17 jouant le rôle de prière de conclusion et l'ensemble formant « la théologie systématique abrégée exposée par Jésus pour on église missionnaire ». Bruner, *The Gospel of John: A Commentary* (Grand Rapids: Eerdmans, 2012), 78.

Ils ont la tête qui tourne, comme s'ils étaient pris d'un vertige. Affectivement, ils sont saturés. Jésus essaie de consoler leur cœur effarouché : Que votre cœur ne se trouble point … Je vais vous préparer une place … je reviendrai, et je vous prendrai avec moi, afin que là où je suis vous y soyez aussi. Vous savez où je vais, et vous en savez le chemin » (Jean 14.1-4).

Puis, Thomas prend la parole. L'histoire l'appelle Thomas l'incrédule, mais je suis heureux de sa présence à cet instant car il a le courage de poser la question que tout le monde avait à l'esprit. Il est comparable à un élève qui interrompt le professeur au milieu de sa leçon et dit : « Excusez-moi. Ma question est peut-être idiote, mais je ne comprends rien de ce que vous êtes en train de dire. » En réalité, sa question n'était pas idiote du tout. J'apprécie le fait que Thomas a la présence d'esprit de nommer la question évidente et pressante que se posaient intérieurement les disciples : « Thomas lui dit : Seigneur, nous ne savons même pas où tu vas, comment pourrions-nous savoir par quel chemin on y parvient ? » (14.5).

Il en va ainsi dans la vie, n'est-ce pas ? Il y a des moments où nous nous demandons dans quelle direction aller. Parfois, nous pensons savoir où nous allons — ou nous *espérons* le savoir — mais nous devons admettre que nous sommes complètement perdus. Il semble y avoir tant de carrefours et de virages, tant de choix à faire et d'impasses à éviter. Par-dessus tout, dans le puzzle de la vie, nous désirons posséder la carte qui nous guidera jusqu'à bon port. Cependant, beaucoup de gens qui n'ont pas trouvé de carte se disent qu'il vaut mieux aller quelque part, plutôt que de ne rester nulle part. Ainsi, ils choisissent une direction et prennent la route sur le chemin qui semble le moins difficile.

Heureusement, Jésus répond à la question de Thomas (qui est aussi la nôtre) : « Je suis le chemin, la vérité, et la vie. Nul ne vient au Père que par moi » (14.6). Il est intéressant de noter que Jésus met clairement l'accent sur « le chemin ». Le chemin est mentionné en premier. Cela ne signifie pas que la vérité et la vie ne sont pas importantes. Cela veut simplement dire que la vérité et la vie expliquent *comment* et *pourquoi* Jésus est le Chemin.[6]

Il est le Chemin parce qu'il est la Vérité — la révélation de Dieu. Il est le Chemin parce que la vie de Dieu est accessible à toute personne qui demeure en lui et en lui seul. Il est simultanément *l'accès à la vie de Dieu* et son *incarnation*. Le cœur de la Bonne Nouvelle de l'Évangile de Jean est qu'en Jésus — la Parole incarnée et le Fils unique de Dieu — nous pouvons voir et connaître Dieu d'une manière qui était auparavant impossible. Il est l'autorévélation autorisée de Dieu.[7] En d'autres termes, Jésus n'est pas seulement un chemin mais le chemin — car il est la manifestation exceptionnelle et visible du Dieu invisible que nous connaissons comme Père (1.14, 18 ; 6.46 ; 8.19 ; 12.45).[8]

« Nul ne vient au Père que par moi » (14.6). Nous sommes nombreux à comprendre la question de Thomas : « comment pourrions-nous savoir par quel chemin on y parvient ? » (14.5) car chaque personne, qu'elle soit éloquente ou non, cherche des réponses à ses questions spirituelles. Notre société actuelle est plus ouverte envers

---

6. Raymond Brown est considéré par beaucoup comme le principal expert de sa génération sur les écrits johanniques. Il affirme que « le chemin est le prédicat principal [de la déclaration de Jésus] et la vérité et la vie sont seulement des explications concernant le chemin ». Brown, *The Gospel According to John XII-XXI, The Anchor Bible Commentary*, p. 621, Doubleday, New York, 1970. Renovaré, 1970), 621. Si c'est exact, la vérité et la vie sont des commentaires sur ce qu'est chemin — ou pour le dire différemment, Jésus est le Chemin parce qu'il est la Vérité et la Vie. Jésus incarne personnellement cette triple réalité.

7. Bruner, *The Gospel of John*, 811. Bruner nous rappelle que « la révélation de Dieu le Père par Jésus nous donne l'espérance que le Père aussi [comme Jésus] sera — et en réalité, est et a toujours été — très, très bon. »

8. Cette phrase est inspirée par le texte poétique d'une note de bas de page dans *The Wesley Study Bible: New Revised Standard Version*, Joel B. Green et William H. Willimon, responsables d'édition, Abingdon Press, Nashville, Tennessee, États-Unis, 2009. (Nashville: Trevecca Press, 2009).

la spiritualité, qu'elle ne l'a été de nombreuses années durant. Le problème est que les gens sont ouverts à de nombreuses formes différentes de spiritualité.

La vision occidentale du monde est empreinte d'une mentalité consumériste omniprésente. Ceci explique les préoccupations politiques récentes qui visent à soutenir le pluralisme. En conséquence, un grand nombre considèrent que tous les parcours spirituels sont pertinents et légitimes tant que ceux-ci répondent aux besoins personnels de chacun et pourvu que chacun soit authentiquement en accord avec ses propres convictions. Aussi suppose-t-on-que l'on choisisse le bouddhisme, l'hindouisme, l'islam, la scientologie, le judaïsme, le christianisme ou toute autre religion — que tant qu'une personne est sincère et gratifiée par son choix, aucune alternative n'est pire qu'une autre car tous les chemins mènent (selon cette vision du monde) au même Dieu.

L'un des nombreux problèmes posés par une telle vision est que ces différentes croyances sont souvent en contradiction les unes avec les autres, et affirment des convictions qui sont irréconciliables. Lorsque le christianisme est considéré à la lumière des autres croyances religieuses, cette foi est la seule à affirmer clairement que Jésus est le seul chemin qui mène à Dieu. Il est impossible pour quelqu'un de croire à l'affirmation exclusive de Jésus-Christ qui dit « nul ne vient au Père que par moi », et d'affirmer dans le même temps qu'il existe d'autres chemins pour accéder au Père. En réalité, faire cela reviendrait à renier le Christ lui-même qui a prononcé ces paroles. Jésus n'a pas dit : « Je suis l'un des nombreux chemins vers le Père ». Il n'a pas dit : « Vous pouvez choisir de me suivre si vous le souhaitez, mais il existe d'autres choix qui sont tout aussi viables ». Jésus n'a pas non plus dit : « Quel que soit le chemin spirituel que vous suiviez, ce chemin me conviendra tant que vous êtes sincère ». Jésus n'a jamais évoqué cela, même indirectement. Il a clairement affirmé qu'il est le seul chemin pour aller au Père.[9]

Peu après que notre famille a déménagé dans une nouvelle ville, mon épouse et moi avions un rendez-vous à l'autre bout de la ville. Nous conduisions chacun une voiture. Mon épouse ayant un meilleur sens de l'orientation que moi, c'est elle qui ouvrait la voie. Tout à coup, nous nous sommes retrouvés coincés dans des embouteillages, et j'ai perdu sa trace. J'ai repéré une voiture qui ressemblait à la sienne et me suis mis à la suivre. Au moment où je me suis aperçu que je suivais la mauvaise voiture — j'étais désormais sur une route complètement différente — il était trop tard pour arriver au rendez-vous. J'ai simplement fait demi-tour pour rentrer à la maison. La morale de cette histoire est simple : Vous pouvez croire le plus sincèrement du monde suivre un certain chemin et, en même temps, être sincèrement dans l'erreur. En réalité, la sincérité seule ne suffit pas à trouver le bon chemin.[10] La vérité est une nécessité ! Une personne peut avancer à grands pas dans la direction qu'elle a choisie. Cependant si cette direction est erronée, la vitesse à laquelle cette personne arrive à destination n'a pas d'importance.

L'affirmation de Jésus est radicalement *inclusive* car tous sont invités à suivre le chemin, mais elle est aussi radicalement *exclusive* car tous les chemins qu'une personne peut suivre pour trouver la vérité mènent à une impasse — à moins qu'il s'agisse du Chemin qui mène cette personne au seul Dieu véritable.

---

9. Ceci ne limite pas la souveraineté de Dieu qui peut toucher les adhérents des autres religions et croyances, qui peuvent mourir sans avoir eu l'opportunité de connaître ou même d'entendre le nom de Jésus. Dieu est toujours libre de faire ce que Dieu choisit de façon souveraine. Je m'attends à être surpris par la grâce lors de la réconciliation de toutes choses.

10. Personne n'est plus sincère concernant sa vérité que les auteurs d'attentats-suicides. Néanmoins, la sincérité — quel que soit le degré d'engagement d'une personne envers sa vérité — n'est pas suffisante si celle-ci n'est pas fondée sur une réalité ultime.

Chaque personne — chacun d'entre nous — est coupable d'avoir pris le mauvais chemin, sur le plan spirituel. En conséquence, nous nous trouvons éloignés de Dieu. Le prophète Ésaïe écrit à ce propos : « Nous étions tous errants comme des brebis, chacun suivait sa propre voie » (53.6). L'apôtre confirme ceci dans sa lettre aux Romains : « Car tous ont péché et sont privés de la gloire de Dieu » (3.23). Pourquoi donc ? Parce que nous avons tous pris la mauvaise route dans la vie. Nous avons tous choisi de suivre notre propre chemin au lieu de rechercher la volonté et le chemin de Dieu pour nos vies.

L'Évangile (la Bonne Nouvelle), c'est que Jésus est venu pour des personnes telles que nous. Un autre évangéliste, Luc, nous dit que la mission déclarée de Jésus est de « chercher et sauver ce qui était perdu » (19.10). Au lieu de nous laisser debout, indécis au milieu d'un carrefour, ou pire encore, en train de suivre la mauvaise route sans but précis, Jésus est venu pour nous montrer clairement le seul chemin qui mène jusqu'à Dieu, jusqu'au nouveau pays du royaume et à la vie éternelle.

Un commentateur paraphrase les paroles de Jésus de cette façon : « Moi, je suis le Chemin jusqu'à là-bas et moi, je suis la Vérité qui te mènera sur le Chemin jusqu'à là-bas, et moi, je suis la Vie qui te donnera la puissance de suivre la Vérité le long du Chemin jusqu'à là-bas »[11] « Je suis[12] le chemin » n'est pas un itinéraire avec une série d'instructions, ce n'est pas une carte routière ou une suite d'indices — « je suis le Chemin. Je suis la Vérité » n'est pas un ensemble de principes qui ordonnent nos vies ou des énoncés philosophiques — je suis la Vérité. « Je suis la Vie » n'est pas un chemin alternatif pour vivre

---

11. Bruner, The Gospel of John, p. 823.

12. Le pronom [ego, « je »] place l'accent sur une personne plutôt que sur une méthode. Il faut noter, et ceci a été souligné à de multiples reprises, que les déclarations de Jésus où il affirme « je suis » en Jean sont une référence aux paroles de Dieu adressées à Moïse au buisson ardent : « Je suis celui qui suis » (Exode 3.14). Au fil des textes sacrés hébreux, « je suis » est appelé Yahvé.

selon une perspective plus optimiste — Je suis la seule Vie véritable, le moyen particulier de devenir véritablement humain.

L'affirmation de Jésus-Christ de ne pas seulement être un chemin et une vérité et une vie, mais d'être l'unique et véritable Fils de Dieu, est la fondation même du christianisme. Il ne s'agit pas de dire du mal des autres croyances ; il s'agit simplement de dire qu'il n'y a qu'un seul chemin jusqu'au Père, à savoir par Jésus-Christ. Il est le seul moyen par lequel nous puissions être sauvés. Comme le souligne Frederick Bruner : « L'Orient cherche depuis toujours « le Chemin » (le *Tao*), l'Occident cherche « la Vérité » (*veritas*) et le monde entier (l'est, l'ouest, le nord et le sud) cherche « la Vie (*réelle*) ». Jésus est, en tant que personne, les trois en même temps. »[13]

Imaginez que vous soyez dans une ville que vous ne connaissez pas et que vous demandiez votre chemin jusqu'à un lieu difficile à trouver. La personne à laquelle vous vous êtes adressé pourrait vous donner cette réponse : « Vous devez virer à droite au prochain grand carrefour. Ensuite, après la place, allez jusqu'à l'église, restez dans la voie du milieu, qui vous mènera directement à la troisième rue à droite, jusqu'à l'arrêt avec quatre files différentes ». Même avec des instructions claires, lorsque le chemin est compliqué, il y a de fortes chances de prendre le mauvais tournant et de se perdre.

Au lieu de cela, supposez que la personne à laquelle vous vous adressez dise : « Vous savez, il n'y a pas de chemin facile pour y arriver. Si vous n'y êtes jamais allé auparavant, c'est compliqué. Contentez-vous de me suivre. Mieux encore : venez avec moi, et je vous y emmè-nerai ». Cette personne ne devient pas seulement votre guide, mais elle devient essentiellement le chemin, et vous ne pouvez pas ne pas arriver à bon port. Voilà ce que Jésus accomplit pour nous. Il ne nous donne pas seulement des conseils ou des instructions. Il marche avec

---

13. Bruner, The Gospel of John, p. 812.

nous le long de ce parcours de grâce. En effet, il ne se contente pas de nous parler du chemin — c'est lui-même en personne qui devient le Chemin !

Lesslie Newbigin, le célèbre théologien et missiologue britannique, a décrit cette perspective avec puissance : « Ce n'est pas qu'il [Jésus] nous enseigne le chemin, ou qu'il nous guide sur le chemin : si cela était le cas, nous pourrions Le remercier pour Son enseignement puis suivre le chemin tout seuls. Il est lui-même le chemin. … Suivre ce chemin est, en fait, la seule manière d'aller au Père ».[14]

Dans le roman de Lewis Carroll *Les Aventures d'Alice au Pays des Merveilles*, Alice arrive à un carrefour et demande au chat du Cheshire :

« Voudriez-vous me dire, s'il vous plaît, par où je dois m'en aller d'ici ?»

« Cela dépend beaucoup de l'endroit où tu veux aller » dit le chat.

« Peu m'importe l'endroit » répond Alice.

« En ce cas, peu importe la route que tu prendras » dit le chat.

Il est probable que personne n'ait résumé la déclaration exceptionnelle de Jésus avec autant d'éloquence que Thomas à Kempis dans son ouvrage classique de méditations *l'Imitation de Jésus-Christ*.

> Suis-moi. Je suis le Chemin, la Vérité et la Vie. Sans le Chemin, il n'y a pas de mouvement. Sans la Vérité, il n'y a pas de connaissance. Sans la Vie, tu ne peux pas vivre. Je suis le Chemin que tu dois suivre, la Vérité en laquelle tu dois croire, la Vie en laquelle tu dois espérer. Je suis le Chemin inviolable, la Vérité infaillible et la Vie sans fin. Je suis le Chemin qui est droit, la Vérité qui est suprême et la Vie qui est véritable, la Vie bénie et non créée. Si tu demeures en mon Chemin, tu connaîtras la Vérité, la Vérité t'affranchira et tu atteindras la vie éternelle.[15]

---

14. Lesslie Newbigin, *The Light Has Come: An Exposition of the Fourth Gospel*, p. 181, Eerdmans, Grand Rapids, Michigan, États-Unis, 1987. Eerdmans, 1987), 181.

15. Thomas a Kempis, *l'Imitation de Jésus-Christ*, livre 3, chapitre 56 (env. 1418–1427)

En Jésus, nous trouvons le Chemin jusqu'au Père. Il est le chemin jusqu'à notre demeure.

En Jésus, nous trouvons la Vérité. Il incarne la vérité immuable, sûre et certaine du caractère et de la nature du Père.

En Jésus, nous trouvons la Vie — la vie en abondance, à la fois maintenant et dans la nouvelle création de Dieu promise et à venir.

C'est le parcours de grâce.

1
LA GRÂCE QUI NOUS ÉMERVEILLE

Tout est grâce.
— *Georges Bernanos, Journal d'un curé de campagne*

« Amazing Grace » est l'un des cantiques les plus célèbres et les plus aimés dans le monde aujourd'hui. Bien qu'il ait été écrit il y a plus de deux siècles, celui-ci continue à être chanté en des centaines de langues et dialectes différents.[1] Il transcende les races et les credo, les limites géographiques et les générations. De nombreuses personnes qui ne sont pas chrétiennes connaissent ces paroles et sont touchées par leur message.

Ce chant a été écrit par John Newton, un pasteur anglais. Durant la première partie de sa vie adulte, il était capitaine d'un navire utilisé pour le commerce d'esclaves et a personnellement transporté des centaines de personnes en esclavage d'Afrique de l'Ouest jusqu'à la

---

1. Alors que j'écris ce texte dans une salle d'attente de l'aéroport de Johannesburg en Afrique du Sud, j'entends l'un des employés murmurer doucement cette mélodie en afrikaans. Bill Moyers, un journaliste américain, assista un jour à une représentation au Lincoln Center pendant laquelle l'audience chanta « Amazing Grace ». Impressionné par le pouvoir d'unification de ce chant, rassemblant chrétiens et non-chrétiens dans l'assistance, cet événement l'inspira pour produire par la suite un documentaire du même nom.

Grande-Bretagne. Cependant, après avoir frôlé la mort lors d'une violente tempête en mer, il fut converti et changea de manière radicale. Il ne devait plus jamais être le même.

Non seulement il commença un parcours de grâce avec Dieu, mais il vint également à regretter profondément et à se repentir de sa participation personnelle dans le commerce d'esclaves. Il démissionna de son poste de capitaine, devint pasteur anglican, et devint par la suite mentor de William Wilberforce, qui mena la campagne visant à abolir l'esclavage dans l'empire britannique. À l'âge de quatre-vingt-deux ans sur son lit de mort, Newton déclara « Ma mémoire a presque disparu. Mais je me souviens de deux choses : que je suis un grand pécheur et que le Christ est un grand sauveur ». Il n'est pas étonnant qu'il ait été capable d'écrire avec tant de poésie — il avait reçu, vécu et été transformé par une grâce merveilleuse.

Le présent ouvrage est un livre sur la grâce. Il évoque le parcours de grâce par lequel nous sommes façonnés de plus en plus à l'image de Jésus-Christ, qui est « le Chemin, la Vérité et la Vie ». La grâce se présente sous de nombreuses formes, à la fois dans les Écritures et dans la vie, mais la nature de la grâce demeure la même. Nous la recevons personnellement en tant que don de Dieu et nous coopérons avec Dieu dans une relation mutuelle qui nous transforme.

Qu'est-ce que la grâce ?

Qu'est-ce que la grâce de Dieu ? Comment arrive-t-elle dans nos vies ? Comment sommes-nous affectés, changés et rendus capables de vivre à l'image du Christ par cette grâce ? Il existe de nombreuses définitions de la grâce :

- La faveur imméritée de Dieu.
- L'amour immérité de Dieu.
- Une faveur accordée à quelqu'un qui mérite le contraire.

- L'expression absolument libre de l'amour de Dieu dont la seule motivation est la générosité et la bienveillance de Celui qui donne.[2]
- La bonté de Dieu accordée sans conditions.

Toutes ces définitions de la grâce tentent de décrire les aspects indescriptibles et stupéfiants de la réponse de Dieu pleine d'amour à l'humanité qui ne la mérite pas. Voilà pourquoi nous utilisons l'adjectif « merveilleuse ». Cette grâce dépasse nos classifications humaines des relations et des transactions.

Les personnes qui travaillent dans le domaine des finances savent ce qu'est un « délai de grâce ». Le délai de grâce est une période de temps limitée pendant laquelle un paiement est suspendu sans pénalité. Cependant, un « délai de grâce » est assorti de conditions. Celui-ci ne peut durer que pendant une période courte. Après un certain temps, ce délai prendra fin et si la personne ne paie pas ce qu'elle doit, celle-ci sera pénalisée par des frais supplémentaires. Ce délai est gratuit — mais pas inconditionnel.

Toute différente est la grâce de Dieu. La grâce de Dieu est donnée gratuitement (à ne pas confondre avec le fait que celle-ci « ne coûte rien » — nous développerons cette idée à la fin du chapitre), et c'est une bonne chose car, de toute façon, nous ne pourrions pas la payer. Nous ne pourrions jamais payer ou rembourser notre dette envers Dieu. C'est par sa grâce que Dieu accomplit pour nous ce que nous ne pourrions jamais accomplir pour nous-mêmes. C'est pour cela que nous disons que sa grâce est imméritée. Dieu ne nous traite pas comme nous le mériterions. C'est la faveur qui nous est donnée alors que nous mériterions le contraire, et cela nous pousse à suivre Jésus en tant que disciples qui Lui sont pleinement dévoués.

---

2. Paraphrase libre de la définition de la grâce attribuée au désormais défunt Spiros Zodhiates, spécialiste du Nouveau-Testament, linguiste et responsable missionnaire.

Selon sa définition la plus simple, la grâce est un « don ». L'apôtre Paul utilise ce mot grec d'usage courant, *charis*, qui signifie « don » ou « faveur », et le réinvente afin de décrire la vaste signification de tout ce que Dieu a fait pour nous en Jésus-Christ (2 Corinthiens 8.9 ; 9.15 ; Galates 2.21 ; Éphésiens 2.4-10).[3] Il est aussi important de noter que *charis* a pour origine la racine *char-* ce qui apporte de la joie ».[4] Ainsi, l'acte qui consiste à donner et recevoir la grâce évoque à la fois la joie et la gratitude. En ce sens, il est opportun que ceux qui reçoivent cette grâce donnent quelque chose en retour : l'action de grâces et une vie consacrée. Cela ne signifie pas que la grâce divine soit une transaction relationnelle. Le désir de retourner cette faveur (ou l'attente de ce retour) annule la puissance du don.[5] Un raisonnement de type transactionnel affaiblit toujours et dévalue les intentions liées à un don.

Pour mon ami, une réaction normale serait de recevoir ce don et de simplement dire « merci ».

Et si, au lieu de cela, mon ami disait : « C'est très gentil de ta part. Combien je te dois ? », mon ami serait désormais passé de la terminologie du don à la terminologie de la transaction : Tu agis en ma faveur. Je te dois une faveur en retour.

---

3. Le mot grec *charis* est traduit par *gratia* en latin, qui est la racine du mot « grâce » dans de nombreuses langues.

4. Thomas A. Langford, *Reflections on Grace*, Cascade Books, Eugene, Oregon, États-Unis, 2007. Cascade Books, 2007

5. Dans *Paul and the Gift*, Eerdmans Grand Rapids, Michigan, États-Unis, 2015, John M. G. Barkley développe un argumentaire solide affirmant que l'idée de « don » en tant que chose remise à autrui « gratuitement, pour rien » est un concept moderne de l'Occident. Durant l'antiquité, et même encore aujourd'hui dans certaines régions du monde, les dons sont donnés dans l'attente forte d'un retour — même pour gagner quelque chose qui renforce la solidarité en société. La conception du « don » du salut dans l'Évangile du Nouveau Testament est que, bien que celui-ci ne soit pas mérité et ne puisse pas être gagné, la grâce engendre la justice, et la justice engendre l'obéissance. Si je fais un don ou un cadeau à un ami, je pourrais lui dire : « Ce cadeau que je te donne est l'expression de mon affection pour toi ».

Le fait de confondre le don de la grâce et une transaction qui serait remboursable pose un autre problème. La signification sous-jacente de la grâce est qu'aucune de nos actions ne peut augmenter l'amour que Dieu a pour nous, et de même il n'y a rien que nous puissions faire qui pourrait diminuer l'amour que Dieu a déjà pour nous.[6] Il n'y a rien qui soit si bon en nous que nous serions de ce fait rendus dignes ou capables de gagner l'amour de Dieu. Et il n'y a rien de si mauvais en nous que cela puisse nous séparer de l'amour de Dieu manifesté en Jésus-Christ notre Seigneur (Romains 8.35-39). Ce n'est pas parce que nous sommes bons que Dieu nous aime. Et ce n'est pas parce que nous sommes mauvais que Dieu nous hait. La nature essentielle de Dieu est l'amour saint, ce qui signifie que l'action qui décrit Dieu de la façon la plus complète, c'est le don de la grâce divine qui est déversée dans l'abnégation.

Philip Yancey ne dit pas autre chose quand il écrit : [7] « La grâce signifie que Dieu nous aime déjà autant qu'un Dieu infini puisse potentiellement aimer »[8]. Puisque dès le départ, Dieu ne nous a pas aimés du fait de notre comportement, comment un meilleur comportement pourrait-il faire que Dieu nous aimerait davantage ? De même, comment un comportement plus mauvais pourrait-il réduire l'amour que Dieu a envers nous ? Il est impossible pour vous de prier davantage, donner davantage, servir autrui davantage ou de faire davantage de

---

6. Et Dieu ne nous hait pas parce que nous sommes mauvais. (Grand Rapids: Renovaré, 1997), 70.

7. Yancey, *What's So Amazing about Grace ?*, p. 70.

8. « La caractéristique la plus essentielle de Dieu, c'est l'amour. « Dieu est amour », dit Jean simplement mais avec une grande profondeur. Nous pouvons qualifier l'amour de Dieu avec le mot « saint ». Cependant, ceci ajoute peu à notre compréhension de Dieu car, par nature, l'amour de Dieu est saint. Le qualificatif « saint » nous rappelle cependant que Dieu est au-delà de nous car autre que nous. Dieu est saint et toujours différent de nous par nature. » Diane LeClerc, Discovering Christian Holiness: The Heart of Wesleyan-Holiness Theology, Beacon Hill Press of Kansas City, Kansas City, Missouri, États-Unis, 2010, p. 274.

sacrifices, de sorte que Dieu dise en conséquence : » Il/elle s'est telle-ment amélioré(e). Il/elle arrive finalement à avancer. Je l'aime plus que je ne l'aimais auparavant. » Non. Vous êtes aimé(e) telle que vous êtes. En ce qui concerne l'amour de Dieu, rien de tout cela ne dépend de ce que vous faites ou de votre comportement — ce n'est pas parce que vous le méritez, mais parce que c'est la première et la dernière disposition du cœur de Dieu.

Cette comparaison entre justice, miséricorde et grâce l'explique bien : La justice, c'est recevoir ce que l'on mérite. La miséricorde, c'est ne pas recevoir ce que l'on mérite. La grâce, c'est recevoir ce que l'on ne mérite pas.

Jésus a utilisé de nombreuses paraboles pour nous aider à conce-voir notre vie selon la perspective du royaume des cieux. Ces pa-raboles ne sont pas seulement des récits avec une morale qui nous sont racontés pour nous montrer une meilleure façon de vivre. Ces paraboles nous aident à mieux comprendre, à corriger notre concep-tion de la nature et du cœur de Dieu. Réfléchissez aux paraboles de la brebis perdue, de la drachme perdue et des fils perdus (Luc 15).[9] Jésus décrit Dieu comme un berger plein de joie, non pas parce que quatre-vingt-dix-neuf brebis se sont comportées selon les règles, mais parce que l'une de ses brebis qui était perdue a été retrouvée. Il décrit Dieu comme une femme qui retourne sa maison sens dessus dessous à la recherche d'une précieuse pièce de monnaie. Lorsqu'elle la trouve, elle est si heureuse qu'elle organise une fête pour célébrer l'événement avec ses amies. Puis, il décrit Dieu comme un père au cœur brisé qui scrute l'horizon espérant repérer un signe du retour de son fils perdu. Lorsqu'il voit son fils vagabond « comme il était encore loin » (Luc

---

9. J'utilise « fils perdus » au pluriel de façon intentionnelle. Il semble clair dans cette parabole que Jésus enseigne que les deux fils sont perdus pour des raisons différentes — cependant un seul des fils a quitté la maison. Jésus a utilisé une autre parabole sur des ouvriers travaillant dans une vigne.

15.20), il est ému de compassion et court à sa rencontre pour l'accueillir à la maison. Tous ces exemples sont des indications de la nature et du cœur de Dieu. Le fait que l'on « soit trouvé » ravit le cœur de Dieu ! La grâce est plus forte que les errances, les égarements et l'infidélité.

Le propriétaire de la vigne verse à tous les ouvriers le même salaire, bien que certains aient accompli beaucoup moins d'heures de travail que les autres (Matthieu 20.1-16). Du point de vue du gestionnaire d'une entreprise, cette histoire n'a ni queue ni tête. Le comportement du maître semble relever d'une gestion peu judicieuse. Ce type de comportement imprudent de la part d'un chef d'entreprise risque de contrarier les employés les plus travailleurs et d'encourager la paresse des personnes les moins motivées. Cependant, le sujet de cette parabole n'est pas la bonne gestion d'une entreprise : c'est une parabole qui porte sur la grâce extravagante de Dieu. La grâce n'est pas une équation mathématique qui fait le calcul des heures travaillées, suit des règles strictes de comptabilité ou récompense ceux qui travaillent le plus dur. La grâce n'est pas définie par ce qui mérite d'être payé. Elle concerne des personnes qui ne sont pas méritantes et à qui, malgré cela, on fait des dons. Si tout cela vous semble scandaleux ou absurde et dépourvu de bon sens, c'est que vous commencez à comprendre le concept de la grâce.

Une grâce personnelle

Nous pouvons parler d'une expérience de la grâce, car cette grâce est profondément personnelle et relationnelle. C'est une grâce personnelle pour deux raisons importantes. La première, c'est que la grâce n'est pas une chose. Ce n'est pas une marchandise. Ce n'est pas une substance sainte qui est déversée en nous comme une « huile de moteur chrétienne » afin d'aider notre « moteur » de disciple à tourner avec plus d'efficacité. La grâce est personnelle car elle vient jusqu'à nous en la personne de Jésus-Christ, qui dit « je suis le chemin, la vérité et la vie. »[10]

Thomas Langford, un théologien de tradition wesleyenne, affirme que tout au long de l'histoire de l'Église, deux conceptions de la grâce se sont opposées :

> D'un côté, la grâce est conçue comme une chose, une chose que Dieu possède et peut donner et peut-être comme quelque chose que les individus sont susceptibles d'accepter et de posséder. Ou dans des termes plus larges, ce serait une atmosphère, une énergie ou une puissance qui représenterait l'action de Dieu et formerait un contexte qui entoure la vie humaine. De l'autre côté, la grâce est décrite comme une personne ; la grâce est une personne, la grâce est Dieu — Dieu présent avec les êtres humains. Évoquer la grâce, c'est évoquer la présence de Dieu et son interaction bienveillante avec sa création. Selon cette perspective, les considérations liées à la grâce sont fondées sur les réflexions qui concernent la vie, la mort et la résurrection de Jésus. Jésus-Christ est grâce ; la grâce est Jésus-Christ.[11]

Je suis frappé par la puissance de la forte déclaration de Diarmaid MacCulloch dans sa monumentale histoire du christianisme : « C'est une personne, et non un système, qui a captivé [Paul] lors des événements mystérieux de la route de Damas. »[12] De bien des manières, Saul de Tarse — qui deviendra par la suite l'apôtre Paul — n'était pas préparé pour cette révélation ahurissante. Il était attaché à une religion, à un système de pensée défini, à une tradition, une Loi. Il ne la connaissait que trop bien. Il en était l'avocat passionné, rompu

---

10. Lorsque l'Évangile de Jean désigne le Saint-Esprit comme « un autre » consolateur, cela signifie que l'Esprit de vérité poursuivra le ministère de Jésus la Vérité (14.6, 16–17).

11. Langford, *Reflections on Grace*, p. 18.

12. Lorsque l'Évangile de Jean désigne le Saint-Esprit comme « un autre » consolateur, cela signifie que l'Esprit de vérité poursuivra le ministère de Jésus la vérité (14.6, 16–17).

à son apologie — mais c'est une personne qui l'a transformé. Cette personne, c'est Jésus de Nazareth, que Paul confessera ensuite comme Christ et Seigneur.

Le système de pensée antérieur de Paul était une adhérence totale à la Loi. Après son expérience sur le chemin de Damas (Actes 9.1-22), il vit les choses différemment. Il n'avait pas cessé de croire que la Loi était bonne — mais incomplète. Lorsqu'il rencontra la personne, il détourna son attention de ce qui était bon (sa tradition juive) pour se tourner vers ce qui était sans conteste meilleur : Jésus-Christ. Par cette expérience d'une rencontre intime avec le Christ, il découvrit une justice qui ne venait pas de lui-même.[13] Paul croyait que la relation du croyant avec le Christ (la personne) pouvait devenir si intime qu'il parle de « faire un avec Christ », ce qui désigne une union totale. L'union n'était pas un concept abstrait, gréco-romain et platonique pour Paul. Jésus-Christ était (est) un véritable être humain qui a bel et bien existé dans l'Histoire récente. Il n'est pas seulement comme nous dans son humanité mais — tout comme celui que Paul a rencontré sur la route de Damas — il est une personne ressuscitée, transcendante dont la vie, la mort, la résurrection et l'ascension ont inversé la catastrophe de notre péché et de notre chute (1 Corinthiens 15.22).

En un sens très réel, le changement de nom de Saul à Paul était plus qu'une conversion — c'était un éveil : « il tomba de ses yeux comme des écailles, et il recouvra la vue » (Actes 9.18). C'était une régénération. Paul avait reçu un don pur, non dilué qu'il ne pouvait ni gagner, ni mériter. Désormais, il était capable de voir ce que la Loi annonçait depuis toujours — une personne. C'est la raison pour laquelle il écrirait par la suite : « nous prêchons Christ crucifié, scandale pour les Juifs et folie pour les païens, mais puissance de Dieu et sagesse

---

13. Dikaioun, « être rendu juste » (ou selon la phrase devenue célèbre lors de la Réforme protestante du seizième siècle, « être justifié »), indique qu'il existe une grâce qui provient de l'extérieur.

de Dieu pour ceux qui sont appelés, tant Juifs que Grecs, ce Christ que nous prêchons manifeste la puissance et la sagesse de Dieu.» (1 Corinthiens 1.23-24). Ceci était scandaleux pour ceux qui étaient attachés à la loi et à la tradition juives et une folie pour ceux qui avaient toujours été baignés dans la culture élitiste grecque et les conceptions philosophiques occidentales. Mais pour ceux qui croyaient que Jésus était le Christ de Dieu (en grec, *christos* signifie « l'oint »), par la grâce de Dieu, Christ est devenu leur salut.[14]

Les premiers chrétiens ne prêchaient pas un système de pensée ou même une religion. Ils proclamaient une personne. Dans l'islam, la Parole est devenue un livre (le Coran). Dans le christianisme, la Parole a été faite chair (Jean 1.14)[15]. Un être humain, le Dieu éternel, unique est devenu une personne — l'incarnation. Les premiers chrétiens n'ont pas sacrifié leur vie pour une théorie, un principe ou une force vitale. Ils ont agi pour et à cause d'une personne — une personne réelle qui a vraiment été crucifiée et placée dans un tombeau, qui a vraiment été ressuscitée d'entre les morts en tant que prémices de la nouvelle création, qui est vraiment montée jusqu'au ciel et qui revient vraiment bientôt.

Je ne connais pas de meilleure description de cette notion que celle de Dietrich Bonhoeffer : «Lorsqu'il s'agit d'une idée abstraite, il est possible d'établir une relation de connaissance formelle, de s'enthousiasmer à son sujet et peut-être de la mettre en pratique, mais cela ne peut jamais être suivi d'une obéissance personnelle. Le christianisme sans le Christ vivant est inévitablement un christianisme

---

14. La concordance *Strong'* indique, dans sa partie Nouveau Testament, que *charis*, « grâce », apparaît au moins quatre-vingt-huit fois dans les lettres de Paul adressées aux églises du premier siècle.

15. C'est à Daniel Gomis, directeur régional de l'Église du Nazaréen en Afrique, que je dois cette importante distinction.

sans disciple, et un christianisme sans disciple, c'est un christianisme sans Christ »[16].

Ainsi, le parcours de grâce ne consiste pas à suivre un système de pensée, un livre, un *Manuel*, une dénomination ou une tradition. Nous suivons, adorons et servons Jésus-Christ. La grâce est le résultat de tous les bienfaits liés à la vie, au ministère, à la mort, à la résurrection et à l'ascension de ce Jésus personnel, qui est maintenant Christ et Seigneur.

Une conception christocentrique (centrée sur Jésus) de la grâce ne revient pas à négliger une théologie trinitaire de la grâce plus robuste (Dieu en tant que créateur et Père, la puissance de l'Esprit Saint dans la vie du croyant). Comprendre la grâce en tant que personne, c'est se souvenir que ce que nous connaissons de Dieu de façon personnelle est révélé avec la plus grande clarté possible par la vie, les enseignements et les expériences de la personne que Dieu a choisie pour se faire connaître. Le but du discipulat chrétien est de façonner les personnes qui reçoivent la grâce à l'image de Jésus-Christ. La grâce n'est pas quelque *chose*. Elle est quelqu'*un*.

Cette déclaration nous amène à la deuxième raison pour laquelle la grâce est personnelle : la grâce s'approche de chaque personne selon son besoin particulier et sa capacité à la recevoir. Chaque personne reçoit et s'approprie la grâce de manière unique.

J'ai de nombreux amis, mais je suis en relation avec chacun d'eux de manières différentes car chacun d'entre eux est unique. J'ai trois enfants et je les aime autant les uns que les autres. Cependant, je ne peux pas tous les traiter de la même manière. Ils sont tous différents, ce qui fait que l'éducation que je leur apporte doit s'adapter à chacun d'entre eux. C'est cela, être un ami ou un parent aimant.

---

16. Dietrich Bonhoeffer, Le Prix de la grâce, Labor et Fides, Genève, Suisse, 1967.

De même, la grâce est reçue par chaque personne d'une manière unique et personnelle parce que nous en faisons l'expérience dans le cadre d'une relation personnelle avec le Dieu trinitaire. Cette grâce nous est donnée par le Père, offerte en Jésus-Christ et remplie de la puissance du Saint-Esprit. La grâce est personnelle car elle vient à nous en personne et épouse nos besoins personnels. Au fur et à mesure que Dieu se donne lui-même à nous, une grâce toujours plus grande nous est donnée.

La grâce a un prix

Dietrich Bonhoeffer nous rappelle que, tout gratuit que soit son don, celle-ci n'advient pas sans qu'un prix soit payé. Lors d'un paragraphe lancinant de son célèbre livre *Le prix de la grâce*, Bonhoeffer décrit la différence entre la grâce à bon marché et la grâce qui coûte comme l'absence de réelle vie de disciple ou de toute exigence en ce sens : « La grâce à bon marché, c'est la grâce sans discipulat, la grâce sans la croix, la grâce sans Jésus-Christ vivant et incarné ».[17]

De plus, Bonhoeffer affirme sans détour que la grâce à bon marché est « l'ennemi mortel de notre église », « l'adversaire le plus ardent du discipulat » et « a été la ruine de plus de chrétiens que tout commandement des œuvres ».[18] On peut dire que nous sommes justifiés par la grâce seule en tant que don de Dieu, mais le fruit d'une vie justifiée est une vie où tout a été laissé derrière nous pour suivre le Christ.[19] Et Bonhoeffer souligne à raison que lorsqu'un disciple entend l'appel de Jésus à le suivre, sa réaction est premièrement un acte d'obéissance avant d'être une confession doctrinale de la foi (Marc 2.14).[20]

---

17. Bonhoeffer, *Le prix de la grâce*.
18. Bonhoeffer, *Le prix de la grâce*.
19. Bonhoeffer, *Le prix de la grâce*.
20. Bonhoeffer, *Le Prix de la grâce*.

Bonhoeffer poursuit en décrivant dans quel sens la grâce a un coût et pourquoi l'obéissance du disciple, complète et marquée par un abandon complet, est la seule réaction qui convienne.

> La grâce coûte parce qu'elle nous appelle à suivre, et c'est la grâce parce qu'elle nous appelle à suivre Jésus-Christ. Elle a un prix parce qu'elle coûte à un homme sa vie, et c'est la grâce parce qu'elle donne à un homme la seule vie véritable. Elle a un prix parce qu'elle condamne le péché et elle est grâce parce qu'elle justifie le pécheur. Par-dessus tout, elle a un prix parce qu'elle coûta à Dieu la vie de son Fils : « Vous avez été rachetés à un grand prix » et ce qui a beaucoup coûté à Dieu ne peut pas être bon marché pour nous. Par-dessus tout, c'est la grâce parce que Dieu ne considéra pas que son Fils était trop cher payé pour nos vies, mais il l'a livré pour nous. La grâce qui coûte est l'incarnation de Dieu.[21]

La vie du disciple est un parcours de grâce. Elle commence avec la grâce, est rendue possible par la grâce et est imprégnée de grâce du début jusqu'à la fin. Il n'y a pas de véritable vie de disciple sans que nous suivions et obéissions au chemin de Jésus. La grâce de Dieu peut être reçue comme un don — gratuitement — mais elle ne saurait subsister sans les exigences de la vie de disciple.

La grâce est merveilleuse

Philip Yancey raconte une scène du film *Le dernier empereur* dans laquelle le jeune garçon est intronisé en tant que dernier empereur de Chine. Il vit dans le luxe, entouré de nombreux serviteurs à sa disposition.

« Que se passe-t-il quand tu fais quelque chose de mal ? » lui demande son frère. « Quand je fais quelque chose de mal, quelqu'un d'autre est puni », répond le jeune empereur. Pour illustrer son propos,

---

21. Bonhoeffer, *Le Prix de la grâce.*

le jeune empereur casse un objet précieux, et l'un des serviteurs reçoit des coups pour sa transgression.[22]

C'était là une ancienne coutume des rois et des empereurs. Celle-ci n'était ni juste, ni miséricordieuse. Par la suite, quelqu'un de précis arriva d'un autre monde. Il était roi et donna un nouveau sens au concept d'autorité. Il renversa l'ordre ancien et inaugura un nouveau royaume. Lorsque ses serviteurs tombent dans le péché, ce roi en endosse la conséquence. Yancey exprime alors cette réflexion : « La grâce est gratuite uniquement lorsque celui qui la donne en a payé le prix ».[23]

Ce n'est ni la justice, ni la miséricorde — c'est la grâce. La grâce a un coût. C'est peut-être pour cela que nous aimons toujours entonner le chant de Newton. La grâce est merveilleuse.

Comment la grâce extravagante de Dieu se manifeste-t-elle dans nos vies quotidiennes ? C'est une chose de savoir ce que signifie la grâce. C'est formidable de savoir que Dieu nous aime de cette manière, mais concrètement, qu'est-ce que cet amour change dans ma vie ? À quoi ressemble la grâce lorsque je la vois ? Que fait la grâce lorsque j'en fais l'expérience ? Quels sont les effets de la grâce dans ma vie quotidienne ?

Notre expérience de la grâce a de multiples facettes, et est vécue de manières diverses et nuancées. La suite du présent livre est une exploration des multiples expressions de ce parcours de grâce.

---

22. Yancey, *What's So Amazing About Grace ?*, p. 67.
23. Yancey, *What's So Amazing About Grace ?*, p. 67.

△

LE CHEMIN

Par la grâce qui nous cherche (aussi appelée grâce prévenante), Dieu nous précède pour ouvrir un chemin et nous attirer vers une relation avec lui.

2
LA GRÂCE QUI NOUS CHERCHE[1]

*Car le Fils de l'homme est venu chercher et sauver
ce qui était perdu.*

— *Luc 19.10*

Le discipulat ressemble à une longue obéissance dans la même direction — avec Jésus comme guide et compagnon.[2] Nous appelons cela un parcours de grâce. Ce parcours de grâce est toujours dynamique car il est par nature relationnel. Marcher par la foi est davantage une aventure qu'une corvée, davantage un délice qu'un devoir, chaque pas le long de ce parcours de grâce étant baigné de la grâce de Dieu. Nous faisons l'expérience de la grâce de Dieu de différentes manières au fil des saisons de nos vies. Bien que toutes les facettes de

---

1. Certaines parties de ce chapitre sont incluses et adaptées du chapitre de l'auteur intitulé «The Grace That Goes Before: Prevenient Grace in the Wesleyan Spirit» par David Busic dans *Wesleyan Foundations for Evangelism*, édité par Al Truesdale, The Foundry Publishing, Kansas City, Missouri, États-Unis, 2020. The Foundry Publishing, 2020). Utilisé avec autorisation.

2. L'expression «une longue obéissance dans la même direction» est empruntée au livre sur le discipulat du pasteur et théologien Eugene Peterson intitulé *A Long Obedience in the Same Direction: Discipleship in an Instant Society*, InterVarsity Press, Downers Grove, Illinois, États-Unis, 1980. InterVarsity Press, 1980), 9

la grâce ne soient pas toujours séquentielles (c'est-à-dire qu'elles ne suivent pas un ordre spécifique), celles-ci sont différentes selon leurs fonctions dans notre parcours en tant que disciples.[3]

Il existe au moins cinq motifs bibliques qui décrivent notre expérience de la grâce de Dieu. Cela ne veut pas dire qu'il y a différentes classifications de la grâce, comme si la grâce pouvait être disséquée selon différentes mesures par catégories ou types.[4] Comme le souligne Jack Jackson, « la grâce de Dieu est singulière »[5] ou selon John Wesley, la grâce de Dieu est simplement « l'amour de Dieu. »[6] Pour éviter cette tendance qui consiste à classifier la grâce selon différents types, Wesley choisissait de s'intéresser à la nature de la grâce, qui relève tout entière de l'expérience : « En fonction du stade de disciplat, les personnes ont une expérience différente de la grâce de Dieu. En

---

3. Bien que la grâce ne soit pas vécue de façon séquentielle, les théologiens se réfèrent toutefois à l'ordre du salut (*ordo salutis*). Néanmoins, Diane LeClerc opère une distinction importante : « Puisque ceci est souvent considéré comme une série de pas dans la vie chrétienne, certains spécialistes préfèrent l'expression *via salutis*, c'est-à-dire la voie du salut, pour souligner la fluidité qui existe d'une étape à une autre » dans *Discovering Christian Holiness*: LeClerc, *Discovering Christian Holiness: The Heart of Wesleyan-Holiness Theology*, Beacon Hill Press of Kansas City, Kansas City, Missouri, États-Unis, 2010, p. 274. Beacon Hill Press of Kansas City, 2010), 315.

4. C'était là un concept majeur du chapitre précédent. La grâce n'est pas une chose — la grâce est une personne et personnelle. Tom Noble a émis l'hypothèse que la tendance à traiter la grâce comme une force ou une substance objective trouve son origine dans la pensée augustinienne médiévale. Différents types de grâces qui pouvaient être insufflées aux chrétiens firent leur apparition. Cette tendance s'est accrue dans le mouvement scolastique protestant du dix-septième siècle. « Ce modèle scolastique de la grâce comporte ses propres difficultés, en particulier sa tendance à dépersonnaliser l'action de Dieu, en remplaçant l'action personnelle de l'Esprit par la substance impersonnelle appelée « grâce » » T. A. Noble, Holy Trinity: T. A. Noble, *Holy Trinity, Holy People: Holy People: The Theology of Christian Perfecting* (Eugene, OR: Cascade Books, 2013), 100.

5. Jack Jackson, *Offering Christ: John Wesley's Evangelistic Vision*, 53. KIngswood Books, 2017), 53.

6. John Wesley, Sermon 110, « Free Grace » Sermons III: 71–114, vol. 3 dans The Bicentennial Edition of the Works of John Wesley, Abingdon Press, Nashville, Tennessee, États-Unis, 1986, 3.544, par. 1.

fonction du degré de disciplinat qu'ils ont atteint, les gens atteignent éprouvent la grâce de Dieu différemment.[7] Ceux qui sont à l'état naturel (préchrétien) font l'expérience de la grâce de façon prévenante. Une fois éveillés, ils font l'expérience de la grâce qui convainc et qui justifie. Et enfin, une fois justifiés, ils font l'expérience de la grâce qui œuvre pour sanctifier leur esprit et leur cœur. » Cette description par Jackson de la théologie de Wesley, écrite de si belle manière, est à la fois logique et flexible, distinguant la grâce en tant que chose et la grâce en tant que parcours relationnel qui inclut les circonstances et les expériences de la vie, les moments de rencontre avec Dieu ainsi que l'agencement providentiel des temps. La grâce est une personne, et nous est offerte de façon personnelle.

En gardant tout cela à l'esprit, nous présentons les motifs suivants afin de nous aider à mieux comprendre notre expérience répétée de l'amour de Dieu le long de notre parcours dans la grâce, tout en affirmant qu'il n'existe pas plusieurs types de grâce mais plutôt plusieurs manières pour nous de faire l'expérience d'une relation à Dieu en tant que Grâce personnifiée tout au long de notre vie.[8]

- La grâce qui nous cherche
- La grâce qui nous sauve
- La grâce qui nous sanctifie

---

7. John Wesley, Sermon 110, « Free Grace » Sermons III: 71–114, vol. 3 dans The Bicentennial Edition of the Works of John Wesley, Abingdon Press, Nashville, Tennessee, États-Unis, 1986, 3.544, par. 1.

8. Selon la conception de William Greathouse et H. Ray Dunning du « salut » en tant que terme théologique avec ses vastes connotations : « [Le salut] comprend l'ensemble de l'œuvre de Dieu orientée vers la restauration de l'homme de son état de perdition. Celui-ci commence par le salut initial, inclut tous les aspects de cette restauration jusqu'au salut final aussi appelé « glorification », qui en fait également partie. » William M. Greathouse et H. Ray Dunning, An Introduction to Wesleyan Theology, 'Kansas City, MO: Beacon Hill Press of Kansas City, 1982), 75. Par ailleurs, Greathouse et Dunning expliquent que le salut ne saurait se circonscrire au cadre d'un seul événement ou d'une seule expérience : « Le Nouveau Testament évoque le salut en trois temps : au passé (a été), au présent (est en train de) et au futur (sera). »

- La grâce qui nous soutient
- La grâce qui nous suffit

Dans les prochains chapitres, nous examinerons chacun de ces motifs en détail sur d'un point de vue biblique et théologique et sur le plan de l'expérience. Nous commençons ici avec la grâce qui nous cherche.

La grâce qui nous précède

La grâce de Dieu ne commence pas au moment de notre salut. Cette grâce nous précède avant même que nous soyons conscients de notre besoin de Dieu. Nous ne sommes pas naturellement enclins à chercher Dieu. Au lieu de cela, c'est Dieu qui nous cherche. La grâce prévenante est le terme théologique qui désigne cette action par laquelle Dieu cherche à nous attirer plus près de lui. La grâce prévenante signifie simplement que Dieu vient à nous avant que nous ne venions à lui. La grâce de Dieu nous cherche et vient nous trouver là où nous sommes.

Lorsqu'ils témoignent de leur conversion, les chrétiens commencent parfois en expliquant comment ils ont « trouvé le Christ » à tel ou tel moment ou tel ou tel âge. Ce sont là des tentatives sincères de raconter leur rencontre avec Dieu et leur nouvelle naissance en Christ à un moment et à un lieu spécifique. Cependant, l'expression « trouver le Christ » n'est pas entièrement exacte car personne ne trouve le Christ. C'est Jésus-Christ qui vient à nous et nous trouve. Dans une lettre très importante adressée aux premiers chrétiens non-juifs, l'apôtre Paul écrit : « Vous étiez morts par vos offenses et par vos péchés, dans lesquels vous marchiez autrefois, selon le train de ce monde. … Mais Dieu, qui est riche en miséricorde, à cause du grand amour dont il nous a aimés, nous qui étions morts par nos offenses, nous a rendus vivants avec Christ (c'est par grâce que vous êtes sauvés) » (Éphésiens 2.1-2, 4-5). Vous remarquerez un mot que Paul répète pour en souligner l'importance : morts. Paul prend cela très au sérieux. Il n'écrit pas que nous étions « malades » par nos péchés ou « empêtrés » dedans. Non, nous étions morts par nos péchés.

Selon la Bible, il existe trois types de mort : la mort physique, la mort spirituelle et la mort éternelle. Paul décrit la mort spirituelle. Nous étions en vie, respirions et étions doués de mouvement, mais nous étions spirituellement morts à cause du péché. On peut être vivant sur le plan physique et se déplacer d'un lieu à un autre, mais intérieurement, cette personne ne peut pas réagir aux réalités spirituelles car elle n'a pas de perceptions spirituelles. C'est la raison pour laquelle une personne qui est spirituellement morte ne peut pas reconnaître les vérités spirituelles. Celles-ci ne sont pas réelles pour elle, tout comme un parfum n'est pas perçu par une personne décédée. Dans la mort, les personnes ne réagissent pas, sont séparées d'autrui et ne sont pas conscientes de ce qui les entoure.

Paul dit que nous sommes dans un état comparable à des zombies, des morts-vivants. Puisque les morts ne peuvent pas réagir aux stimuli externes, aucune personne spirituellement morte ne peut « trouver le Christ » par ses propres forces. L'aide doit venir de l'extérieur. Ainsi, selon cette lettre de Paul ainsi que d'autres passages de la Bible, Dieu intervient dans notre situation désespérée et fait pour nous ce que nous ne pouvons pas accomplir pour nous-mêmes : Dieu vient nous trouver là où nous sommes. Par la puissance du Saint-Esprit, Dieu s'approche de nous et éveille nos perceptions spirituelles. Cette réalité mène à une notion profonde : Même notre capacité à dire non aux invitations de Dieu est un résultat de la grâce prévenante de Dieu qui est d'ores et déjà venue à notre rencontre. Nous sommes libres de répondre à Dieu uniquement parce que Dieu a libéré notre conscience spirituelle pour lui répondre. Un mouvement de grâce jusqu'à nous précède nécessairement toutes nos réactions envers Dieu.

« La Belle au bois dormant » est un conte célèbre qui raconte l'histoire d'une princesse qui tombe sous le sort d'une reine malveillante.

La princesse reste perpétuellement dans un sommeil profond, et seul le baiser de son prince pourra la réveiller. Ce baiser la fera sortir de cette sorte d'état comateux et mettra fin à sa situation désespérée. Bien qu'il ne s'agisse que d'un conte de fées, cette histoire peut symboliser la façon dont opère la grâce prévenante. La Bible affirme que chaque âme humaine est dans une sorte de sommeil spirituel mortel et que nous sommes incapables de nous porter nous-mêmes jusqu'à un état de conscience spirituelle. C'est alors que le prince arrive et nous embrasse, brisant le sort et nous sommes alors éveillés à de nouvelles réalités qui nous étaient auparavant inconnues. Tout comme le père aimant du chapitre 15 de l'Évangile de Luc accueille son fils déshonoré sur le chemin de la maison, ce baiser représente la grâce prévenante. Relisez ces paroles de cette émouvante parabole sous l'angle de la grâce prévenante : « Comme il était encore loin, son père le vit et fut ému de compassion, il courut se jeter à son cou et l'embrassa. … Car mon fils que voici était mort, et il est revenu à la vie ; il était perdu, et il est retrouvé. Et ils commencèrent à se réjouir » (Luc 15.20, 24).

John Wesley et la grâce prévenante

Notre aïeul théologique, John Wesley, avait beaucoup à dire sur la grâce prévenante. Même s'il croyait que le véritable discipulat ne débutait qu'après la conversion, il affirmait que la grâce de Dieu œuvrait en amont, suscitant en chaque personne le désir de commencer à chercher Dieu, désir qui marque le début d'un éveil.[9] Nous cherchons Dieu uniquement parce que Dieu nous cherche en premier.

John Wesley n'était pas le premier à épouser l'idée que la puissance de la grâce prévenante est offerte à toute l'humanité, mais il a

---

9. Jackson, *Offering Christ*, p. 43–44. Voir également Randy Maddox, *Responsible Grace: John Wesley's Practical Theology* (Nashville: Kingswood, 1994), 8.

assurément ajouté sa propre distinction à l'ordre du salut.[10] Évoquant parfois une « grâce prévenante », Wesley croyait que dès la naissance la grâce de Dieu est active en chaque personne, cherchant à l'attirer vers la vie éternelle en Jésus-Christ. Cela est vrai même si la personne n'a jamais entendu la proclamation de l'Évangile. La présence préalable de Dieu et l'action du Saint-Esprit est la grâce qui « vient avant » que nous ayons entendu la Bonne Nouvelle, avant l'éveil spirituel et la conversion.

Personne n'est étranger à la grâce de Dieu et tous les humains sont courtisés par l'Esprit de Jésus. En tant qu'êtres humains déchus, « morts pas nos offenses et par nos péchés » (Éphésiens 2.1), nous sommes incapables d'aller jusqu'à Dieu par nos propres forces. En conséquence, Dieu est toujours le premier à arriver sur les lieux lorsque survient un éveil, une conversion et lorsqu'une vie est transformée. Nous appelons l'activité initiale de l'Esprit Saint « prévenante » parce que celle-ci précède toujours notre réponse. Il est possible de trouver la foi en Jésus-Christ, mais il n'est jamais possible « d'aller vers le Christ » sans que Dieu ne nous attire premièrement vers lui et nous rende capable de ce mouvement. Jésus a dit à ses disciples que ce serait là le rôle du Saint-Esprit (Jean 16.5-15 ; voir également Jean 6.44).

Selon Lovett Weems, « Dieu nous cherche avant que nous ne cherchions Dieu. L'initiative du salut vient de Dieu dès le commencement. Avant même que nous fassions un pas, Dieu est là. »[11] La grâce n'est pas irrésistible, mais personne n'est laissé sans recevoir une invitation à établir une relation personnelle avec Dieu. Pour ceux qui se réclament de la tradition wesleyenne de la sainteté, cela signifie que lorsque nous partageons l'Évangile avec quelqu'un, nous

---

10. Dans la tradition catholique, « la grâce réelle » est divisée en deux parties : « la grâce prévenante opérante » et la « grâce subséquente coopérante ».

11. Lovett H. Weems Jr, John Wesley's Message Today, Abingdon Press, Nashville, Tennessee, États-Unis, 1991, p. 23.

ne sommes jamais face à un contexte moralement neutre. Il n'existe aucune personne que nous puissions rencontrer qui n'ait pas déjà été affectée par la grâce prévenante. Assurément, certains se montreront plus résistants ou plus ouverts que d'autres, mais nous pouvons être sûrs que Dieu s'est montré actif et fidèle dans leur vie, bien avant que nous n'arrivions sur les lieux. Le prince a précédé notre entrée sur la scène de leur vie.

L'offre du salut de Dieu n'est pas coercitive. Par nature, l'amour réciproque (qui est à la base de toute véritable relation) nécessite la liberté d'accepter ou de rejeter l'amour proposé. Néanmoins, la grâce prévenante est à la fois ce qui précède et ce qui permet notre réponse. C'est l'ordre de la rédemption et le début du discipulat. Dieu initie, nous répondons. La grâce vient toujours en premier.

Mettre en œuvre l'action de Dieu en nous

L'ensemble du Nouveau Testament, écrits de l'apôtre Paul en tête, rend témoignage au fait que « lorsqu'une personne parvient à la foi en Jésus en tant que Seigneur ressuscité, cet événement est en lui-même un signe de l'Esprit à l'œuvre par l'Évangile et si l'Esprit a débuté cette « bonne œuvre » dont le premier fruit est la foi, vous pouvez être sûr que l'Esprit finira ce travail. »[12] Cependant, cette assurance n'annule pas l'importance de la participation des êtres humains que nous sommes. Pour qu'il y ait relation, il faut qu'il y ait coopération.

Paul souligne particulièrement à qui il appartient d'inaugurer et de conclure le parcours de grâce : « Je suis persuadé que celui qui a commencé en vous cette bonne œuvre la rendra parfaite pour le jour de Jésus-Christ » (Philippiens 1.6).[13] De plus, ce message est adressé aux disciples (et à l'Église) de Jésus : « Mettez en œuvre votre salut avec

---

12. N. T. Wright, Paul: A Biography, HarperOne, San Francisco, Californie, États-Unis, 2018, p. 96.

13. Vous noterez que Dieu est l'initiateur et celui qui rend possible le parcours de grâce.

crainte et tremblement, non seulement comme en ma présence, mais bien plus encore maintenant que je suis absent ; car c'est Dieu qui produit en vous le vouloir et le faire, selon son bon plaisir » (Philippiens 2.12-13).[14] Par la grâce, nous devons mettre en œuvre dans le monde ce que Dieu accomplit en nous. La Bible regorge d'exemples utiles à ce sujet.

Dieu s'est approché d'Abraham dans un lieu appelé Ur en Chaldée (l'Iran d'aujourd'hui). Dieu a initié cet appel : « Je ferai de toi une grande nation, et je te bénirai ; je rendrai ton nom grand, et tu seras une source de bénédiction » (Genèse 12.2). Qui est venu en premier ? C'est Dieu. Qui a commencé la bonne œuvre en Abraham ? C'est Dieu. Néanmoins, Abraham a dû répondre par l'obéissance pour mettre en œuvre dans le monde ce que Dieu était en train d'accomplir en lui. Dieu est venu à Jacob dans un rêve, lui révélant une échelle qui montait jusqu'au ciel (Genèse 28.10-22) et a ensuite lutté avec Jacob au gué de Jabbok (32.22-32). Qui est venu en premier ? C'est Dieu. Qui a commencé la bonne œuvre en Jacob ? C'est Dieu. Néanmoins, Jacob a dû mettre en œuvre ce que Dieu était en train d'accomplir en lui.

Moïse se trouvait à des centaines de kilomètres de toute civilisation. Dieu vint à lui en utilisant un buisson ardent et l'appela à secourir son peuple de l'esclavage en Égypte (Exode 3.1-4.17). Qui est venu en premier ? C'est Dieu. Qui a commencé la bonne œuvre en Moïse ? C'est Dieu. Néanmoins, Moïse a dû mettre en œuvre ce que Dieu était en train d'accomplir en lui.

Le Christ vivant apparut à Saul (ou il se confronta à lui) sur la route de Damas (Actes 9.1-19). Saul ne cherchait pas Dieu. Il avait pour mission de persécuter les chrétiens. Qui est venu en premier ? C'est Dieu. Qui a commencé la bonne œuvre en Saul (qui deviendrait

---

14. J'ai ici ajouté « l'église » car ce verset est formulé au pluriel.

bientôt Paul, le missionnaire envoyé vers les non-juifs) ? C'est Dieu. Néanmoins, comme Paul l'a écrit par la suite dans sa lettre à l'église de Philippes, il a dû mettre en œuvre ce que Dieu était en train d'accomplir en lui.

L'eunuque d'Afrique en route dans le désert de Judée (Actes 8), Corneille qui reçoit une vision à trois heures de l'après-midi (Actes 10), Lydie au bord de la rivière (Actes 16) : qu'ont-ils tous en commun ? Ces exemples et beaucoup d'autres récits semblables nous montrent des personnes qui répondent par la foi au Dieu qui est venu à eux en premier. Tous ont mis en œuvre ce que Dieu était en train d'accomplir en eux.

Nous voyons là un modèle récurrent où Dieu agit d'abord par sa grâce prévenante, et les personnes répondent par la foi. Le missiologue britannique Lesslie Newbigin a prononcé cette phrase célèbre : « La foi est la main qui saisit l'œuvre terminée du Christ pour la faire sienne. » Sans éliminer la nécessité d'une réponse, la grâce prévenante intervient toujours en premier. Même Augustin, fervent défenseur de la prédestination, affirma : « Celui qui nous a façonnés sans nous, ne nous sauvera pas sans nous. »[15]

La providence et la prévenance

Il y a une différence entre la grâce providentielle et la grâce prévenante. La providence est la façon dont Dieu pourvoit pour la subsistance et l'approvisionnement de sa création, y compris des êtres humains.[16] Dieu « pourvoit » (Genèse 22.8, 14) ce qui est nécessaire pour nourrir le monde et répondre aux besoins de chaque personne.

---

15. Cité dans John Wesley, The Works of the Rev. John Wesley, Nazarene Publishing House, Kansas City, Missouri, États-Unis et Zondervan Publishing House, Grand Rapids, Michigan, États-Unis, 1958, éditions conjointes), VI, p. 513.

16. Le mot « providence » tire son origine de deux mots latins : pro, qui signifie « avant » ou « au nom de » et videre, qui signifie « voir ». La providence est parfois divisée en deux catégories : la « providence générale », à savoir la façon dont Dieu prend soin

La façon dont la providence de Dieu intervient dans la vie de chaque personne est un profond mystère. Le moment, le lieu et la famille de notre naissance, tout cela est en lien avec la providence. Une personne naît dans une famille de tradition hindoue en Inde en 1765, tandis qu'une autre naît dans une famille chrétienne au Mozambique en 2020 : tout cela relève de la providence. La providence de Dieu implique des niveaux différents de responsabilité spirituelle. Une personne qui a l'opportunité d'entendre l'Évangile tout au long de sa vie sera jugée différemment d'une personne qui n'a jamais entendu le nom de Jésus. La parabole du serviteur fidèle et prudent concerne davantage que les possessions matérielles — elle porte sur notre intendance de la grâce de Dieu. « On demandera beaucoup à qui l'on a beaucoup donné, et on exigera davantage de celui à qui l'on a beaucoup confié » (Luc 12.48). Tous n'ont pas les mêmes opportunités, ni la même base sur laquelle s'appuyer. Certains reçoivent plus, et d'autres moins. Lorsque quelqu'un reçoit « davantage », il est attendu davantage quant à la réponse de cette personne. Ce sont là des sujets liés à la providence divine.

Si la providence détermine le lieu où Dieu nous place, le terme de prévenance décrit les nombreuses façons dont Dieu vient à notre rencontre. Tout un chacun reçoit la même grâce qui précède le salut. Cependant, nos opportunités d'y répondre varient d'une personne à l'autre. Dieu s'adresse à tous avec persévérance et patience. Cette croyance distingue le christianisme des autres religions du monde qui enseignent que Dieu répond si les humains se tournent d'abord vers Dieu. Dans le christianisme, cet ordre est inversé : Dieu fait toujours le premier pas, permettant ainsi une réponse.

Dieu initie cette bonne œuvre de grâce et de paix. La rédemption et la nouvelle création commencent toujours à l'initiative de Dieu.

---

de l'univers et la « providence particulière », qui est l'intervention de Dieu dans la vie des personnes.

Ceci est particulièrement clair lorsque nous affirmons que le Père a envoyé Jésus-Christ dans le monde. Dieu agit toujours le premier. Le Saint-Esprit de Dieu éveille les personnes, leur révélant leur besoin d'être sauvées, les convainc concernant leur péché et rend possible l'expiation du Christ lorsqu'elles répondent par la foi.

Pour John Wesley, l'éveil spirituel est plus qu'une simple conscience : « Aucun homme, à moins qu'il n'ait éteint l'Esprit, n'est totalement dénué de la grâce de Dieu. Aucun homme qui vit n'est entièrement dépourvu de ce que l'on appelle communément la conscience naturelle. Tout homme possède une part de cette lumière, …qui éclaire chaque être humain qui arrive dans ce monde. Et chaque personne… se sent plus ou moins mal à l'aise lorsqu'elle agit à l'encontre de la lumière de sa propre conscience. Ainsi, aucun homme ne pèche parce qu'il n'a pas la grâce, mais plutôt parce qu'il n'utilise pas la grâce qu'il possède. »[17] Une conscience mal à l'aise, la conscience grandissante du bien et du mal et une conscience spirituelle ravivée sont des dons de la grâce offerts par Dieu à toute l'humanité. Cette assurance a des conséquences importantes sur l'évangélisation dans la perspective wesleyenne.

Grâce prévenante et évangélisation

Je me souviens avoir rencontré un groupe de pasteurs chrétiens dans un pays où il est difficile d'être disciple du Christ. Bien qu'être chrétien soit légal, des lois nationales strictes interdisent le prosélytisme visant à ce qu'on délaisse une foi au profit d'une autre. L'évangélisation chrétienne publique est passible d'emprisonnement, voire de mort. J'ai demandé aux pasteurs comment l'évangélisation se produisait dans un environnement aussi hostile et dangereux. Après quelques instants de silence, un pasteur répondit : « Les rêves ». Ne comprenant pas, je lui demandai d'expliquer sa réponse. « Ce ne sont

---

17. Wesley, Œuvres de Wesley, vol. VI, p. 512.

pas seulement des douzaines, mais des centaines de nos voisins qui ont des rêves pendant la nuit. Le Christ ressuscité leur apparaît dans toute sa beauté et sa majesté. Lorsqu'ils se réveillent, ils viennent nous poser des questions : « Parle-nous de cet homme qui vient à nous pendant la nuit. » Lorsqu'ils nous posent ces questions, nous sommes obligés de leur répondre. Nous ne faisons pas d'évangélisation. Nous leur expliquons simplement quelle a été notre expérience, pour expliquer leur expérience. Beaucoup d'entre eux consacrent leur vie au Christ de cette façon.

« Dans ces lieux où l'église est confrontée à des portes closes, l'Esprit de Dieu nous précède. La grâce prévenante de Dieu ne connaît ni frontière, ni limite. L'amour de Dieu s'adresse à tous sans relâche, même aux personnes les plus difficiles, résistantes et hostiles. Ils ne répondront peut-être jamais par une foi obéissante, mais ils ne peuvent pas échapper à la présence universelle de Dieu qui ne cesse pas de les aimer et de les attirer à lui.

C'est là l'histoire tant de fois répétée du film *Jésus*. Ce film raconte de façon spectaculaire la vie du Christ. C'est un instrument de grâce efficace dans la vie de milliers de personnes à travers le monde. Il a été projeté à des personnes dans des régions reculées où le nom de Jésus n'avait jamais été prononcé. Selon l'un de ces récits, un chef de tribu se leva en plein milieu de la projection et dit : « Arrêtez ! Nous connaissons cet homme ! Il est apparu à nos ancêtres il y a de nombreuses années et a révélé cette histoire du salut. Il annonça alors qu'un jour, quelqu'un viendrait nous dire son nom. Et maintenant, nous savons que son nom est Jésus. » Cette histoire, qui n'est jamais qu'un récit parmi d'autres comparables, nous montre que l'Esprit de Dieu se trouve, comme toujours, loin devant l'Église. Le Saint-Esprit cultive fidèlement la terre du cœur des gens afin qu'ils reçoivent l'Évangile. La grâce prévenante avait rejoint le dessein providentiel de Dieu bien avant que l'Église ne soit arrivée pour proclamer la

Bonne Nouvelle. En conséquence, il est fréquent qu'une tribu entière place sa foi en Christ.

L'évangélisation chrétienne n'est ni un effort individuel, ni un moment solitaire. Celle-ci a lieu dans les échanges relationnels initiés par le Saint-Esprit, qui nous précède toujours dans sa grâce. Aucun chrétien ne peut regarder dans le rétroviseur de sa vie sans voir les façons merveilleuses dont Dieu a agi pour l'éveiller et l'amener à la repentance et à la foi en Jésus-Christ.

Mon père est devenu chrétien lorsqu'il était jeune adolescent grâce à une famille nazaréenne. Je suis devenu chrétien par l'exemple de mes parents chrétiens et d'un groupe d'hommes qui se réunissaient fidèlement tous les mercredis matin pour prier précisément pour mon salut. Votre parcours de grâce est unique. Ce qui reste inchangé pour nous tous, c'est que Dieu nous précède toujours.

Mon ami Stéphane était athée et étudiant en robotique dans une université en Allemagne. Son oncle athée lui parla d'un film intitulé *La Mission*. Il l'encouragea à regarder le film à cause du « jeu impeccable des acteurs et des paysages pittoresques ». L'action se passe au dix-huitième siècle, dans la jungle du nord-est de l'Argentine. Une mission jésuite espagnole y annonce le Christ aux tribus indigènes guarani.

Stéphane a loué le film en vidéocassette. Il fut particulièrement touché par une scène dans laquelle un marchand d'esclave et mercenaire nommé Rodrigo Mendoza, escalade une chute d'eau escarpée dans la montagne. Son lourd paquetage attaché sur son dos est chargé des objets de tout mercenaire — son armure et ses épées. Il est en train de faire pénitence pour ses nombreux péchés. Lorsque Mendoza arrive en haut du précipice, un guerrier de la tribu dont il a kidnappé les membres pour les vendre en esclavage se jette sur lui, un couteau à la main, comme prêt à lui trancher la gorge. Après un moment d'hésitation, le guerrier coupe la corde à l'épaule de Mendoza, faisant ainsi chuter son lourd paquetage jusqu'au bas de la chute d'eau. Soudainement, Mendoza comprend que ce jeune guerrier a changé, passant de la soif de vengeance à la volonté de faire preuve de miséricorde.

Épuisé et recouvert de boue, Mendoza s'effondre au sol. Il se met à pleurer de manière incontrôlable. Ce ne sont pas des larmes de remords, mais plutôt des larmes de joie découlant de sa paix intérieure. Il trouve alors asile dans le village et est accueilli au sein de leur communauté. Après quelques temps, Mendoza s'engage en tant que prêtre jésuite.

Par la suite, Mendoza reçoit un livre dans lequel il lit un passage sur la signification de l'amour. Stéphane ne savait pas de quel livre provenait ces paroles, mais il explique que ces mots étaient les plus poétiques et les plus beaux qu'il ait jamais entendus. Il était si captivé par ce texte qu'il regarda la scène à de nombreuses reprises et avec une grande attention. Il écrivit ces mots sur papier, afin de ne pas les oublier. Il alla ensuite dans une bibliothèque pour chercher d'où provenait ce poème. À sa grande surprise, ces mots étaient tirés de la Bible. Il lut alors régulièrement 1 Corinthiens 13, « le chapitre de l'amour ».

Peu après, Stéphane commença à fréquenter une amie étudiante. Un soir, elle invita Stéphane à ce qu'elle appela « un club ». Il s'avéra que c'était un groupe d'étude de la Bible. Stéphane apprit le Notre Père. En tant que scientifique, il croyait que l'expérience permet de déterminer des conclusions logiques. Stéphane constata qu'à chaque fois qu'il priait le Notre Père avant d'aller se coucher, il dormait paisiblement. Il commença alors à prier chaque soir avant de se coucher. Il se trouvait graduellement éveillé par l'amour qui nous poursuit et par la grâce qui nous précède.

Le Dieu missionnaire commença à répondre aux prières d'un jeune athée. Il découvrit la splendeur de l'amour de Dieu par l'intermédiaire d'un film avec «un jeu d'acteurs impeccable et des paysages pittoresques ». Stéphane a réagi à la grâce qui nous précède. Il a confessé sa foi en Christ et commencé à mettre en œuvre *dans le monde* ce que Dieu était en train d'accomplir *en lui*. Stéphane est désormais missionnaire dans l'Église du Nazaréen. Ainsi agit la grâce prévenante de Dieu qui mène à la repentance et à la transformation.

Lorsque nous sommes convaincus de la puissance de la grâce prévenante, il est impossible de désespérer qu'une personne n'ait pas encore accepté la foi chrétienne. Nous ne devons jamais perdre espoir pour notre prochain, car Dieu lui-même n'abandonne jamais. La confiance des évangélistes ne repose ni en eux-mêmes, ni en la capacité des personnes qui entendent l'Évangile. Au lieu de cela, notre confiance absolue se fonde sur le fait que l'amour de Dieu s'adresse à tous. Cet amour est extravagant (Éphésiens 1.7), infatigable et il ne change pas. Il est suffisant pour mener à bien ce que Dieu a commencé. Des rencontres divines sont à venir !

Jusqu'où Dieu ira-t-Il pour toucher une personne ? J'apprécie de plus en plus les paroles du chant de Cory Asbury, «Reckless Love» [L'amour imprudent] écrit en 2017, qui décrit la grâce de Dieu qui nous poursuit. Ce chant parle de la grâce de Dieu dans la vie du chanteur : «avant que je ne dise un mot» et «avant que je ne respire». Il décrit «l'amour téméraire, débordant, infini de Dieu» qui «me poursuit, lutte jusqu'à ce qu'il me trouve, laisse de côté les quatre-vingt-dix-neuf». Le refrain dit ceci :

Il n'y a pas d'ombre que tu ne puisses éclairer

Pas de montagne que tu n'escaladerais pas

Pour venir me chercher

Il n'y a pas de mur que tu n'abattrais pas

Pas de mensonge que tu ne combattrais pas

Pour venir me chercher.[18]

Débordant. Infini. Voilà jusqu'où notre Dieu est prêt à aller pour atteindre l'être humain.

187. Certaines personnes ont exprimé leur préoccupation concernant l'usage du terme « imprudent ». Si cela signifie inconsidéré, c'est un problème. Si cela signifie audacieux et surprenant, ce terme se rapproche d'une description adéquate de l'amour de Dieu.

LA VÉRITÉ

Par la grâce salvatrice, Jésus nous sauve du péché et nous conduit dans la vérité qui nous rend libres.

3
LA GRÂCE QUI NOUS SAUVE

Car le salaire que verse le péché, c'est la mort, mais le don de la grâce que Dieu accorde, c'est la vie éternelle dans l'union avec Jésus-Christ notre Seigneur.
— *Romains 6:23*

Un journaliste sportif a un jour demandé à Jack Nicklaus, grand champion de golf, d'identifier le problème le plus courant chez les golfeurs amateurs. S'attendant à ce qu'il évoque le manque d'entraînement ou de l'incapacité à bien putter à chaque fois, j'ai été surpris lorsque Nicklaus a fait cette réponse, toute différente : « L'excès de confiance en soi ». Une illusion quant à leur niveau ou à ce qu'ils savent vraiment faire. *Je pense que je peux réussir ce lancer entre ces deux arbres. Je peux probablement faire passer la balle au-dessus de l'eau.* C'est un excès de confiance.

Les gens font ça tout le temps. Ils surestiment largement leurs capacités et sous — estiment leurs limites. Toutefois, le problème de surestimation n'est nulle part aussi fréquent que dans le domaine spirituel. Nous surestimons énormément notre force spirituelle et sous — estimons notre faiblesse spirituelle.

Moralisme

Cette tendance à se surestimer spirituellement s'appelle le moralisme. Le moralisme est la croyance vertueuse selon laquelle tout va bien spirituellement parce que l'on mène une vie morale décente et que l'on a amélioré son comportement. Autrement dit, un moraliste est une personne qui croit être sauvée par le bien qu'elle fait et le mal qu'elle évite.

Les moralistes disent tous des choses semblables : « Je ne suis pas Mère Teresa, mais je ne suis pas si mauvais non plus. Je gagne honnêtement ma vie. Je rembourse mes dettes. Je ne trompe pas mon conjoint. Je vote de manière responsable. Je donne un peu d'argent pour les œuvres de charité. La spiritualité, ça ne me passionne pas, mais je ne suis pas si mauvais non plus ». En d'autres termes, les moralistes suivent la ligne de pensée qui leur dit que Dieu tiendra compte, au jour du jugement dernier, du fait qu'ils font plus de bien que de mal, « contrairement à certains » (tueurs en série, violeurs, trafiquants de drogue, etc.) qui sont bien pires. Le moralisme est omniprésent dans notre monde actuel.

En 2004, l'organisation Gallup a effectué un sondage pour savoir ce que les Américains pensaient du paradis. Ce qui a vraiment attiré mon attention, c'est le nombre de personnes qui croient qu'elles iront au paradis : 77 % de ceux qui disent croire au paradis ont classé leurs chances d'y aller comme « bonnes » ou « excellentes ». Toutefois, selon les personnes interrogées, seuls six de leurs amis sur dix vont au paradis. Ce qui m'intéresse le plus, surtout d'un point de vue moraliste, c'est que de nombreuses personnes interrogées ont affirmé la croyance selon laquelle « il y a un paradis où les gens qui ont mené une bonne vie sont éternellement récompensés ». J'insiste sur « ont mené une bonne vie » pour montrer que la plupart des gens croient qu'ils iront au paradis quand ils mourront à cause de leur « bonne vie » et de leur « comportement moral ».

Diana, princesse de Galles, est morte en 1997. Ce fut une perte tragique pour de nombreux individus dans le monde. Sa popularité internationale a suscité une grande attention de la part des médias et un deuil national. Je me souviens encore de certaines personnes évoquant leur réconfort à l'idée que Diana était maintenant au paradis, affirmant qu'elle était désormais un ange qui veillait sur eux et que le paradis était pour elle un meilleur endroit que ce monde. Je ne suis pas en train d'affirmer que Diana ne se trouve pas au ciel, mais je m'interroge sur le raisonnement qui pousse tant de gens à dire qu'elle y est. De tout ce que je peux observer, elle était une personne aimante et compatissante qui a utilisé son influence considérable pour faire le bien. Elle a travaillé avec les pauvres, a défendu les malades du sida et son activisme a contribué à sensibiliser les enfants et les jeunes. Ce sont toutes des choses merveilleuses pour lesquelles il faut être connu, mais sommes — nous sauvés grâce à elles ? Être bon ou faire le bien peut-il conduire au salut, au paradis et à la récompense éternelle ?

Nous vivons à une époque où les opinions relatives à ces questions sont diverses. Plusieurs personnes soutiennent que Dieu note sur la base d'une courbe et qu'un peu de bonté peut contribuer positivement. Si nous pouvons simplement inscrire plus de choses dans la colonne «bonne» que dans la colonne «mauvaise», d'une manière ou d'une autre, la balance penchera du bon côté, et nos vies plutôt bonnes et nos efforts honnêtes feront vont largement compenser la différence. C'est le moralisme.

Toutefois, la Parole de Dieu est claire sur ce point, cependant : nous ne sommes pas sauvés par nos efforts ; nous ne sommes pas sauvés par notre bonté ; nous ne sommes pas sauvés par nos intentions. Nous sommes sauvés par la grâce, et cette grâce ne vient pas de nous-mêmes. La grâce salvatrice vient de Dieu en la personne de Jésus-Christ.

L'expiation

La croix est peut-être le symbole le plus connu et le plus reconnu dans le monde aujourd'hui. Lorsque nous voyons la croix, nous pensons à la vie et à la mort de Jésus par la crucifixion. La crucifixion était la forme d'exécution la plus horrible et la plus tortueuse jamais inventée par l'humanité. C'est pourquoi une personne du premier siècle trouverait étrange de voir nos contemporains porter une croix sur une chaîne autour du cou. Si nous voyions aujourd'hui une personne portant une représentation de chaise électrique en pendentif, nous trouverions cela étrange qu'on porte autour du cou un moyen d'exécution. C'est ce qu'était la croix pour les personnes au premier siècle. C'était honteux et répugnant. C'était le sort des criminels et des insurgés endurcis. La crucifixion était si complètement effroyable qu'un mot a été créé pour l'expliquer. Notre mot « horrible » signifie littéralement « à partir de la croix ».

La mort par crucifixion était une façon lente, atroce et publique de mourir. Il n'y avait pas d'obscurité pour cacher les suppliciés. Les personnes crucifiées faisaient souvent l'objet de moqueries et de railleries. La foule des spectateurs lançait des pierres et riait tandis que ceux qui étaient suspendus à une croix descendaient lentement dans un état de respiration profonde et laborieuse et de halètement. Ils mouraient finalement d'asphyxie car, tandis qu'ils étaient suspendus, leurs poumons avaient du mal à continuer à fonctionner. Il fallait parfois plusieurs jours pour que la lente agonie se termine, et ceux qui étaient crucifiés n'avaient pas droit à une sépulture digne d'un être humain. Au lieu de cela, ils servaient de repas aux oiseaux qui venaient manger leur chair. Après que les morts avaient assez longtemps servi d'exemple à tous ceux qui voulaient défier l'Empire romain, ce qui restait du cadavre était enlevé et jeté dans la décharge municipale.

N'oublions pas que Jésus a été crucifié sur la croix d'un criminel, ce qui m'amène à dire ce qui, même aujourd'hui, semble très particulier :

Les chrétiens déclarent que c'est une bonne nouvelle. En fait, nous disons que c'est la meilleure nouvelle que nous ayons jamais entendue. Le mot que la Bible choisit pour exprimer cette bonne nouvelle est « évangile ». La croix est notre évangile — notre bonne nouvelle.

Dans le résumé le plus court de l'évangile du Nouveau Testament, l'apôtre Paul déclare : « Je vous ai transmis, comme un enseignement de première importance, ce que j'avais moi-même reçu : Christ est mort… » (1 Corinthiens 15:3). En soi, ce n'est pas une bonne nouvelle, mais Paul donne alors un sens théologique à la mort du Christ par une préposition profondément importante, « pour », afin de nous faire passer d'un fait tragique de l'Histoire à sa remarquable pertinence pour notre parcours de grâce : « que le Christ est mort pour nos péchés, selon les Écritures » Lorsque la préposition « pour » est ajoutée, cela devient une bonne nouvelle — la meilleure nouvelle que nous ayons jamais entendue.

Sur le plan théologique, l'Écriture appelle « mourir pour nos péchés » l'expiation. L'expiation a été accomplie par la croix de Jésus-Christ. La doctrine de l'expiation commence dans l'Ancien Testament. Le jour de l'Expiation, également appelé Yom Kippour,[1] était le jour le plus saint du judaïsme antique. Il a été désigné comme un jour de repentance et de pardon.

Imaginez-vous ce qui suit. Imaginez des milliers de fidèles qui se rassemblent pour commencer l'année pour l'expiation de leurs péchés et se faire rappeler la miséricorde de Dieu. Ce jour-là, le souverain sacrificateur, représentant tout le peuple, apportait un bouc. Un bouc était tué — sacrifié comme offrande pour le péché afin d'accomplir le rite d'expiation. Le sang était versé et l'animal mourait. Romains 6:23 nous dit que « Car le salaire que verse le péché, c'est la mort, »

---

1. Yom = « jour » ; Kippour = « expier ; purifier ».

et Hébreux 9:22 nous rappelle que « Il n'y a pas de pardon des péchés sans que du sang soit versé. »

Le premier bouc mourait conformément à la loi. Le deuxième bouc, cependant, était maintenue en vie et était appelé bouc émissaire. Le souverain sacrificateur posait ses mains sur la tête du bouc émissaire et confessait par-dessus tout la méchanceté et les péchés des Israélites. De manière symbolique, ces péchés étaient transférés et placés sur la tête du bouc. Ensuite, elle était conduite dans le désert vers un lieu solitaire où les péchés du peuple pouvaient être emportés loin et hors de vue.[2]

Ce rituel se poursuivait année après année, décennie après décennie (voir Hébreux 10:3-4). Le sang coulait. Des milliers d'animaux étaient sacrifiés selon un cycle sans fin d'expiation pour le pardon des péchés du peuple. Tel est le contexte dans lequel Jésus a vécu et exercé son ministère. Avant d'envisager de quelle manière la mort de Jésus sur la croix a accompli l'expiation de tous les péchés, rendant possible la grâce salvatrice, examinons d'abord deux questions fondamentales : Qu'est-ce que le péché ? Pourquoi avons-nous besoin de l'expiation du péché ?

Qu'est-ce que le péché ?

Tout d'abord, le péché est une rébellion. La définition la plus reconnaissable du péché vient peut-être de John Wesley : « une transgression volontaire d'une loi de Dieu connue comme telle. »[3] Le péché est une chose connue et délibérée — une chose que nous savons être mauvaise mais que nous faisons quand même parce que nous le pouvons. C'est une désobéissance délibérée.

---

2. La tradition nous dit que la personne désignée pour libérer la victime expiatoire était un non-juif qui n'avait aucun lien avec le peuple d'Israël.

3. Wesley, *The Works of John Wesley* [Les œuvres de John Wesley], vol. 12 (Kansas City, MO : Beacon Hill Press of Kansas City, 1978), 394. Voir également Jacques 4:17.

Lorsque 1 Jean 3:4 nous dit que « Celui qui commet le péché viole la Loi de Dieu, car le péché, c'est la violation de cette Loi. », il ne se réfère pas seulement au sens légaliste, comme dans « tu as enfreint la loi ». Il s'agit de l'attitude qui se cache derrière la violation de la loi. Une analogie peut nous aider à comprendre. Si quelqu'un conduit un véhicule, il est possible d'aller trop vite sans savoir quelle est la limite de vitesse. Il se peut que techniquement, vous enfreigniez toujours la loi, mais vous n'agissez pas sans respecter la loi. C'est très différent d'une personne qui dit : « Rien à fiche de ces limites de vitesse idiotes. Elles sont juste là pour m'empêcher de faire ce que je veux. Je ferai ce que je veux parce que je suis mon propre maître ». L'anarchie est l'attitude de rébellion qui se cache derrière la violation de la loi — un esprit rebelle.

Quand ma plus jeune fille était petite, elle n'aimait pas être sous la responsabilité de sa sœur et de son frère aînés quand papa-maman n'étaient pas là. Lorsque ma femme et moi les laissions seuls ensemble, la petite paillait sa petite voix aiguë, disant à ses frères et sœurs : « Je ne veux pas que vous me commandiez ! ». Bien que dit avec l'innocence d'un petit enfant, c'est l'attitude du cœur de péché : le désir d'être son seul pilote, son seul maître. Le péché comme rébellion, c'est secouer nos petits poings face à Dieu tout-puissant et crier : « Ce n'est pas toi qui me commandes ! ». Je le ferai à ma façon parce que je le peux ! Personne d'autre que moi, pas même Dieu, ne sera responsable de ma vie ».

C'est refuser d'accepter notre rôle de créature auprès de notre créateur. C'est une déclaration d'indépendance, d'être notre propre dieu. Cette attitude d'autodétermination n'est pas surprenante pour les auteurs des Écritures. « Nous étions tous errants, pareils à des brebis, chacun de nous allait par son propre chemin : l'Éternel a fait retomber sur lui les fautes de nous tous. » (Ésaïe 53:6). Le péché est une rébellion.

Deuxièmement, le péché est aussi l'esclavage. C'est plus que l'autodétermination et le choix de « faire notre truc » et de suivre notre propre voie. *Hamartia* est un mot grec traduit par péché qui dérive du verbe *hamartano*, signifiant « manquer la cible » ou « viser une cible sans l'atteindre ».[4] Bien qu'il ait été utilisé pour la première fois par Aristote, en particulier pour désigner le faille d'un personnage du théâtre grec, laquelle finit par engendrer sa perte (tel que le mauvais jugement, l'ignorance, le manque de conscience, etc.), et également connu sous le nom de tragédie, les premiers écrivains et penseurs de l'Église ont repris ce mot pour décrire cet aspect du péché. Donc, sur le plan biblique, *hamartia* peut signifier un péché par action : « Je sais que je ne dois pas le faire, mais je le fais quand même » (voir Romains 6:1-2) ; ou cela peut signifier un péché par omission : « Je sais ce que je dois faire, mais je ne le fais pas » (Romains 7:19 ; Jacques 4:17). Les péchés par action et par omission sont deux manières distinctes d'échouer à atteindre la cible.

Voici comment cela se passerait dans le monde des affaires. D'une part, je veux que Dieu bénisse mon entreprise, mais je veux aussi garantir que mon entreprise sera couronnée de succès. C'est pourquoi je commence à faire certaines choses en secret pour essayer de progresser, même si je sais qu'elles ne sont pas éthiques ou légales. Mes espoirs sont en conflit avec mes actions et sont incompatibles avec elles. Je ne peux pas demander à Dieu de bénir mon travail alors que je sais qu'il ne s'inscrit pas dans la volonté morale de Dieu. C'est un péché par action. Cela peut me faire avancer pendant une saison, mais cela n'aura pas la faveur de Dieu. Le revers de la médaille est que je veux que Dieu fasse prospérer mon travail, mais que je décide

---

4. William Barclay, *The Gospel of Matthew* [L'Évangile selon Matthieu], vol. 1 (Louisville, KY : Westminster John Knox Press, 1956), 253. Voir également H. G. Liddell, *A Lexicon* [Un Lexique] : *Abridged from Liddell and Scott's Greek-English Lexicon* (Abrégé du lexique grec-anglais de Liddell et Scott) (Oak Harbor, WA : Logos Research Systems, Inc., 1996), 4.

de retenir les avantages et les bénéfices équitables de mes employés pour augmenter mes profits. C'est un péché d'omission. Toutefois, que le péché soit de savoir ce que je ne dois pas faire et de le faire quand même, ou de savoir ce que je dois faire et de ne pas le faire, les deux reviennent au même aux yeux de Dieu.

Hamartia peut aussi signifier quelque chose de beaucoup plus profond. Plus qu'une action, le péché est notre nature, une condition dans laquelle nous nous trouvons.[5] Nous sommes empêtrés dans le péché. Non seulement nous sommes rebelles par nature, mais nous ne sommes pas non plus libres de faire autrement. Non seulement nous manquons la cible, mais nous ne pourrions pas non plus la toucher si nous essayions. En tant qu'êtres déchus, nous ne sommes pas libres de faire ce que nous voulons. Nous sommes tenus captifs par le péché.

Nous pensons souvent que notre rébellion signifie que personne d'autre que nous ne sera responsable de notre vie, mais ce que nous comprenons mal, c'est que nous ne pouvons pas faire ce choix. Nous allons servir quelqu'un ou quelque chose. Soit nous servirons Dieu de tout notre cœur, soit nous serons asservis à nos passions et à nos comportements empreints de péché. L'un ou l'autre sera notre maître.

Soyons honnêtes : le péché peut être agréable. Si tel n'était pas le cas, il n'aurait pas autant poussé à la tentation. S'il n'était pas agréable, il ne serait pas séduisant. Peut-être devrions-nous arrêter de dire aux gens à quel point ils vont détester le péché et à quel point il est vraiment dénué d'intérêt. Ce n'est pas un argument convaincant. Le péché peut être agréable pendant un certain temps. Toutefois, en fin de compte, le chemin du péché mène à la destruction. Ce sont

---

5. Les adeptes wesleyens comprennent que le péché implique plus qu'une action entreprise. Susanna Wesley est connue pour sa déclaration écrite dans une lettre à son fils John le 8 juin 1725 : «Note bien cette règle : tout ce qui affaiblit ta raison, altère la tendresse de ta conscience, obscurcit ton sens de Dieu, ou te prive du plaisir des choses spirituelles ; bref, tout ce qui augmente la force et l'autorité de ta chair sur ton esprit, cette chose est un péché pour toi, aussi innocent soit-elle en soi. »

les conséquences (le salaire) du péché qui font mal. Le péché est un cercle vicieux.

Faire la fête peut être amusant. Mais les conséquences le sont beaucoup moins. L'ébriété n'a rien d'agréable. La gueule de bois n'a rien d'agréable. L'alcoolisme n'a rien d'agréable. Les addictions n'ont rien d'agréable. Les centres de désintoxication n'ont rien d'agréable Les accidents de la circulation n'ont rien d'agréable. La violence conjugale n'a rien d'agréable. Les familles dysfonctionnelles n'ont rien d'agréable. Le péché est un cercle vicieux qui mène à une destruction douloureuse.

Avoir des relations sexuelles extraconjugales avec quelqu'un peut être agréable. Mais les conséquences ne le sont pas. Une conscience coupable n'a rien d'agréable. Les maladies sexuellement transmissibles n'ont rien d'agréable. Le divorce n'a rien d'agréable. Briser le cœur de quelqu'un n'a rien d'agréable. Regarder vos enfants dans les yeux et leur dire pourquoi vous quittez leur mère ou leur père n'est pas bien. Le péché est un cercle vicieux qui mène à une destruction douloureuse.

L'histoire remarquable que Jésus a racontée sur le fils prodigue est un exemple parfait du cycle du péché (voir Luc 15:11-24). Un fils rebelle décide qu'il veut être responsable de sa propre vie. Il dit à son père de lui donner son héritage à l'avance (dans le premier siècle cela voulait dire qu'il souhaitait la mort de son père), il prend la totalité de la somme d'argent et la dépense en menant une vie fastueuse, emplie de désordre. Il aime ce mode de vie mais cela ne dure pas longtemps. Il dépense tout son argent et ses amis le quittent. Le fils se retrouve dans une situation qu'il n'aurait jamais imaginée : brisé, humilié et vivant dans une porcherie. Le péché est un cercle vicieux qui mène à une destruction douloureuse.

C'est peut-être ce que Jésus voulait dire lorsqu'il a déclaré : « Entrez par la porte étroite ; en effet, large est la porte et spacieuse la route qui mènent à la perdition. Nombreux sont ceux qui s'y engagent. » (Matthieu 7:13).

Voici le grand combat de notre nature pécheresse : jusqu'à ce que notre nature change, nous allons aimer le péché plus que Dieu parce que nous sommes esclaves du péché — captifs de sa puissance.[6] Aucune quantité de bonnes intentions ou de travail, aucun moralisme humaniste, ne nous libérera complètement. Le péché c'est l'esclavage.

Enfin, le péché c'est l'éloignement. « Séparation » n'est pas un mot que nous utilisons souvent, mais lorsque nous le faisons, nous l'utilisons pour indiquer que quelque chose a mal tourné dans une relation. Le péché n'est pas seulement la violation d'une règle ou d'une loi, c'est aussi le fait de briser une relation. Le péché sépare les gens de Dieu et les uns des autres. Dans le premier acte de péché enregistré, c'est le cas de nos ancêtres spirituels Adam et Ève qui ont désobéi à Dieu. Lorsqu'ils l'ont fait, ils ont immédiatement su qu'il y avait une violation dans leur relation avec Dieu et entre eux. Leurs yeux se sont ouverts et ils ont réalisé qu'ils étaient nus. Cela va au-delà du simple fait de savoir qu'ils n'avaient pas de vêtements. Ils se sont sentis honteux et vulnérables ; ils se sont sentis faibles et aliénés ; ils se sont sentis exposés. Jusqu'à ce moment, ils n'avaient connu que la communion d'amour de Dieu, mais au moment de leur péché, ils se sont sentis séparés de Dieu. Ils ressentaient la séparation. Leur communion était brisée, et cela s'est ressenti sur leurs âmes. Ils ressentaient la culpabilité de tout le poids de leur péché. Par auto-défense, ils ont fait une chose très révélatrice : ils ont essayé de couvrir leur nudité et de se cacher de Dieu. Avez-vous déjà essayé de dissimuler votre culpabilité ou de cacher votre péché à Dieu ?

---

6. Geoffrey Bromiley souligne le fait intéressant que la Bible « personnifie » souvent le péché pour souligner le pouvoir et le contrôle que le péché peut avoir sur nos vies. Bromiley, *Theological Dictionary of the New Testament* [*Dictionnaire théologique du Nouveau Testament*] (Grand Rapids : Eerdmans, 1985), 4.

Dieu savait que la communion avait été brisée, et dans l'un des récits les plus tendres de toute l'Écriture, Dieu leur a demandé : « Où êtes-vous ? » (Genèse 3:9). Mais Dieu ne savait-il vraiment pas où ils se trouvaient ? Se cachaient-ils si bien derrière les arbres que Dieu ne pouvait pas les voir ? Avez-vous déjà joué à cache-cache avec un enfant de trois ans ? Bien sûr que Dieu savait où ils étaient ! Néanmoins, il voulait qu'ils sachent que lui aussi souffrait de la séparation.

L'homme lui répondit : « J'ai entendu ta voix dans le jardin, et j'ai eu peur, car je suis nu ; alors je me suis caché » (3:10). C'est la première fois que la peur est mentionnée dans la Bible. Voyez-vous ce que peut faire le péché ? Le péché engendre la peur, la culpabilité et la honte. Le péché a pour fruits l'aliénation, l'éloignement, la condamnation et la séparation. Le péché transforme les amis en ennemis. Le péché transforme l'intimité en hostilité. Le péché brise la fraternité.

Telle est notre situation. Le péché est une rébellion. Le péché c'est l'esclavage. Le péché c'est la séparation. Comment allons-nous faire pour que tout cela redevienne normal ? Que sommes-nous censés faire de tout ce péché ?

Laissez-moi vous rappeler la plus grande nouvelle que nous n'aurons jamais entendue : « Je vous ai transmis, comme un enseignement de première importance, ce que j'avais moi-même reçu : Christ est mort pour nos péchés, conformément aux Écritures ; il a été mis au tombeau, il est ressuscité le troisième jour, comme l'avaient annoncé les Écritures » (1 Corinthiens 15:3-4). C'est l'amour suprême, le don de soi par amour. « Mais voici comment Dieu nous montre l'amour qu'il a pour nous : alors que nous étions encore des pécheurs, Christ est mort pour nous. » (Romains 5:8). Alors que nous étions encore pécheurs, Christ est mort pour nous. « Celui qui était innocent de tout péché, Dieu l'a condamné comme un pécheur à notre place pour que, dans l'union avec Christ, nous recevions la justice que Dieu accorde » (2 Corinthiens 5:21). C'est la grâce salvatrice.

Le réformateur protestant Martin Luther est reconnu pour avoir appelé cela « le grand échange ». Notre mort pour sa vie ; notre péché pour sa justice ; notre condamnation pour son salut ; nos échecs pour son succès ; notre défaite pour sa victoire. L'expiation est l'acte du Dieu trinitaire qui brise toutes les barrières que notre rébellion et notre péché ont érigées entre nous. « Voici en quoi consiste l'amour : ce n'est pas nous qui avons aimé Dieu, mais c'est lui qui nous a aimés ; aussi a-t-il envoyé son Fils pour expier nos péchés. » (1 Jean 4:10).

Qu'est-ce que cela signifie ? L'expiation était dans le cœur de Dieu depuis le début. Tous les agneaux, tous les sacrificateurs et tous les sacrifices dans le Temple nous annonçaient Jésus, nous conduisaient à lui, qui est devenu notre grand souverain sacrificateur, et qui a versé son propre sang pour le pardon de nos péchés.

N. T. Wright l'exprime bien : « Dans tout Nouveau Testament, cette mort est donc considérée comme un acte d'amour, à la fois l'amour de Jésus lui-même (Galates 2:20) et l'amour de Dieu qui l'a envoyé et dont il était l'expression corporelle (Jean 3:16 ; 13:1, Romains 5:6-11 ; 8:31-39 ; 1 Jean 4:9-10) ».[7] Dieu le Père a envoyé Christ le Fils, par la puissance du Saint-Esprit, pour faire pour nous ce que nous ne pourrions jamais faire pour nous-mêmes.

Jésus ôte nos péchés — passés, présents et futurs. Dieu ne s'en souvient plus. « Autant l'Orient est loin de l'Occident, autant il éloigne de nous |nos mauvaises actions. » (Psaume 103:12). La mort de Jésus à la croix brise la puissance du péché dans nos vies. Autrefois, nous étions esclaves de notre péché, captifs et « suivant le chef des puissances spirituelles mauvaises » (Éphésiens 2:2) et le « dieu de ce monde » (2 Corinthiens 4:4). Par sa mort à la croix, Jésus est entré dans une lutte à mort avec des forces démoniaques et les a vaincues

---

7. N. T. Wright, *Evil and the Justice of God* [Le mal et la justice de Dieu] (Downers Grove, IL : InterVarsity Press, 2006), 9

une fois pour toutes.[8] Il a brisé le pouvoir de la mort, de l'enfer et de la tombe. Grâce à la victoire de Christ à la croix, nous ne sommes plus sous l'emprise du péché, mais sous l'emprise de la grâce et potentiellement libérés (savoir plus sur ce sujet au chapitre 4 sur la grâce sanctificatrice).

Grâce à l'expiation de Jésus, nous avons été réconciliés avec Dieu. Notre séparation a été ôtée. La distance qui nous séparait a été réduite. Le fossé a été franchi. Jésus est notre paix qui a renversé tous les murs (Éphésiens 2:14). Le voile du Temple a été déchiré en deux (Matthieu 27:51). Notre culpabilité, notre honte et notre peur du châtiment ont été effacées. Notre amitié avec Dieu a été restaurée. « Mais maintenant, par votre union avec Jésus-Christ, vous qui, autrefois, étiez loin, vous êtes devenus proches grâce au sacrifice de Christ. » (Éphésiens 2:13). C'est la grâce salvatrice. Avez-vous une idée de l'amour que Dieu vous porte ? Le Père a pris sur lui notre péché et notre culpabilité dans Son propre cœur par le Fils. Bien que nos péchés soient nombreux et graves, dont le moindre n'est pas l'idolâtrie de notre cœur à poursuivre d'autres dieux, notre Dieu trinitaire nous rachète, fait de nous une nouvelle création et nous adopte dans sa famille. C'est pourquoi le pardon n'est pas une affaire à prendre à

---

8. La croyance selon laquelle Jésus a remporté sur la croix la victoire sur les puissances du mal est appelée la théorie de l'expiation de *Christus victoria*. N. T. Wright commente : « Je suis enclin à voir le thème de *Christus victor*, la victoire de Jésus-Christ sur toutes les puissances du mal et des ténèbres, comme le thème central de la théologie de l'expiation, autour duquel toutes les autres significations variées de la croix trouvent leur place particulière ». Wright, *Evil and the Justice of God* [Le mal et la justice de Dieu], 114. À l'inverse, Fleming Rutledge présente des arguments solides selon lesquels tous les thèmes bibliques de l'expiation sont combinés pour former un bel ensemble permettant de comprendre la profondeur et le mystère de la croix. « La façon la plus authentique de recevoir l'évangile de Christ crucifié est de développer une appréciation profonde de la façon dont les motifs bibliques interagissent les uns avec les autres et s'étendent les uns les autres. Aucune image ne peut rendre justice à l'ensemble ; toutes font partie du grand drame du salut ». Routledge, *The Crucifixion* (La Crucifixion) : *Understanding the Death of Jesus Christ* (Comprendre la mort de Jésus-Christ) (Grand Rapids : Eerdmans, 2015), 6-7.

la légère ! Quiconque dit : « Bien sûr que Dieu me pardonnera — c'est l'œuvre de Dieu » n'a jamais compris la douleur profonde associée au fait de devoir porter le péché d'un autre qui vous a poignardé le cœur. Une croix est dans le cœur de Dieu depuis toute éternité. Dieu le Père, dans son Fils unique, Jésus-Christ, par l'Esprit, a montré le chemin du salut. Jésus est entré pleinement dans le dessein du Père. Il a volontairement donné sa vie pour nous. Le « Sans Péché » pour les pécheurs. L'Innocent pour les coupables. L'Agneau de Dieu sans tache est venu pour mener la vie que nous aurions dû mener, et mourir la mort que nous méritions.

La vie, la mort et la résurrection de Jésus rendent toutes choses nouvelles. Il n'y a rien de plus important que cette vérité. Elle est au cœur de l'histoire humaine et le fondement de notre foi. Sans Jésus, il n'y a pas de pardon des péchés, pas de vie éternelle, et pas de relation avec un Dieu bon, saint et rempli d'amour. Vous pouvez vous punir vous-même pour toujours en regrettant vos péchés. Vous pouvez vous décourager en essayant de faire la paix avec Dieu, mais la seule façon de faire l'expérience d'une rédemption totale et d'une paix durable est de comprendre que votre seul espoir est Jésus.

Nous recevons le don de la grâce salvatrice en croyant en Dieu. Nous nous appuyons sur la miséricorde de Dieu et mettons notre foi en Christ seul. Nous avons confiance en sa victoire remportée à la croix ; nous avons confiance que la culpabilité de notre péché est annulée ; nous avons confiance que l'emprise du péché sur la mort est brisée ; notre conscience est purifiée ; nous obtenons l'expiation avec Dieu.

Il y a deux façons de voir l'expiation. Vous pourriez demandé : « Si Dieu est amour, pourquoi avons-nous besoin de l'expiation ? » D'un autre côté, on pourrait dire : « Dieu a expié nos péchés — quel amour ! »

Comment fonctionne la grâce salvatrice

Selon Paul, un chrétien est quelqu'un qui a vécu une transformation d'envergure cosmique. Éphésiens 2:1-10 décrit la transformation spectaculaire — depuis l'esclavage dans le péché à la liberté en Christ — qui se produit lorsque quelqu'un croit au Christ, et est donc sauvé. Il s'agit de quelqu'un qui est passé de la mort à la vie, de l'esclavage à la liberté, de la condamnation à l'acceptation, de l'aliénation à l'adoption. Dans les versets 8 à 10, Paul nous explique comment nous sommes passés de là à là, comment nous sommes devenus chrétiens. Il s'agit d'un processus organique en trois parties : nous sommes sauvés par la grâce, qui conduit à la foi, qui produit de bonnes œuvres. C'est l'équation, et l'ordre est important. Si nous nous trompons sur l'ordre, nous nous trompons sur tout.

Nous sommes sauvés par la grâce. Nous avons examiné en détail la signification de la grâce au chapitre 1. Il est bon de se rappeler que la grâce est toujours le commencement. Tout commence par la grâce. La grâce nous réveille, nous change et nous met dans une relation juste avec Dieu et les autres. Plusieurs personnes pensent qu'elles sont chrétiennes à cause de ce qu'elles ont fait ; elles supposent qu'il leur suffit d'être une bonne personne et de suivre les enseignements de la Bible et Dieu les bénira. Ce n'est pas la grâce, c'est le moralisme. Il n'y a pas d'évangile à mettre notre espoir dans ce que nous pouvons faire. Notre salut n'est rien de ce que nous faisons. C'est tout ce que Dieu fait. Notre réveil, notre vitalité, c'est tout ce que Dieu fait. Nous ne sommes pas sauvés par ce que nous faisons pour Dieu ; mais par ce que Dieu fait pour nous. Il s'agit bien là d'un don total.

J'ai entendu l'histoire d'une étudiante du séminaire qui se préparait à passer son examen final. Lorsqu'elle est arrivée dans la salle de classe, tout le monde était en train de réviser pendant les dernières minutes. Le professeur est entré dans la salle de classe et a annoncé qu'il y aurait une petite révision avant le test. Une grande partie de la révision provenait directement du guide d'étude, mais il y avait beaucoup de documents supplémentaires pour lesquels personne n'était préparé. Ce fut une surprise désagréable pour toute la classe. Lorsque quelqu'un a demandé au professeur ce qu'il en était du matériel supplémentaire, il a expliqué que tout était contenu dans les documents qu'ils avaient à lire et qu'ils en seraient responsables. Il était difficile de contester la logique.

Finalement, l'heure du test est arrivée. Le professeur déclara : « Laissez la feuille d'énoncé retournée sur votre table jusqu'à ce que tout le monde en ait une. Je vous dirai quand commencer ». Lorsque les étudiants ont retourné la feuille du bon côté, à leur grand étonnement, toutes les réponses du test étaient déjà remplies. Même leurs noms étaient écrits en haut à l'encre rouge. En bas de la dernière page, il était écrit : « C'est la fin de l'examen. Toutes les réponses de l'examen sont correctes. Vous recevrez un A. La raison pour laquelle vous avez réussi le test est que le créateur du test l'a fait pour vous. Tout le travail de préparation que vous avez effectué ne vous a pas aidé à obtenir le A. Vous venez de vivre l'expérience de la grâce »

Tim Keller raconte l'histoire d'une conversation avec une femme âgée qui fréquentait occasionnellement son église. Elle était toujours tirée à quatre épingles et propre — certains diraient même décente et morale. Elle mettait le nez dans les moindres irrégularités ou indiscrétions, mais elle n'était pas convaincue qu'il fallait être sauvé de quoi que ce soit si l'on était une bonne personne. Pendant la conversation de Keller avec cette dame, cette dernière déclara avec incrédulité : « Maintenant, laissez-moi clarifier les choses. Vous me dites que si je menais une vie vraiment bonne et honorable, et même si j'allais à l'église, mais que je ne recevais jamais Christ comme mon Sauveur, je ne serais pas en meilleure posture que quelqu'un qui a commis un meurtre ? C'est ce que vous êtes en train de me dire ? »

Keller répondit : « En gros, oui. »

Elle a rétorqué : « C'est la religion la plus bête dont j'ai jamais entendu parler ! »

Ce à quoi Keller répondit : « Eh bien, vous pensez peut-être que c'est la religion la plus bête dont vous ayez jamais entendu parler, mais pour ce meurtrier repenti, c'est la plus grande chose qu'il ait jamais entendue. Cet ancien meurtrier ne peut pas croire qu'il existe une religion qui offre un espoir à quelqu'un comme lui ».

Bien que cette histoire soit quelque peu extrême, elle fait ressortir un point important. Cette femme correcte et morale, qui est absolument sûre d'être meilleure que la plupart des personnes et qui pense que l'évangile est par essence insultant, voire idiote, est elle-même sous l'emprise de « la chair ».[9] Elle essaie d'être honorable et droite, mais elle essaie de le faire indépendamment de la confiance qu'elle a en Christ pour son salut. C'est le piège imminent de l'autosatisfaction. Reconnaissant ce grand danger, Dietrich Bonhoeffer décrit magistralement l'attitude d'un chrétien embrassé par la grâce : « Les chrétiens sont des personnes qui ne cherchent plus leur salut, leur délivrance, leur justification en eux-mêmes, mais en Jésus-Christ seul. Ils savent que la Parole de Dieu en Jésus-Christ les déclare coupables, même lorsqu'ils ne ressentent rien de leur propre culpabilité, et que la Parole de Dieu en Jésus-Christ les déclare libres et justes même lorsqu'ils ne ressentent rien de leur propre justice ».[10]

Nous n'avons pas compris l'Évangile tant que nous n'avons pas compris que l'acceptation de Dieu à notre égard n'est pas fondée sur ce que nous avons fait ou ce que nous ferons toujours. Elle est strictement fondée sur la nature et le caractère de Dieu d'envoyer Jésus dans

---

9. Pour une explication approfondie de la signification de « la chair », voir le chapitre 4, « La grâce santifiante ».

10. Dietrich Bonhoeffer, *Life Together* [La vie ensemble] (New York : (New York : HarperCollins Publishers, 1954), 21-22.

le monde, de mourir pour les péchés du monde et d'être ressuscité pour notre salut.

Nous sommes sauvés par la grâce. Ensuite, dit Paul, la grâce conduit à la foi. Qu'est-ce que la foi ? La foi est essentiellement une prise de conscience et une réponse à celui qui nous a éveillés.[11] Voici ce qu'il est essentiel de comprendre : la foi qui nous sauve est la foi en Christ. La foi chrétienne n'est pas une foi générale en certains principes. C'est la foi qu'il y a vraiment eu un bébé né sur la planète Terre qui était Dieu en chair et en os, qui est vraiment mort sur une croix et qui est vraiment ressuscité des morts. Paul était catégorique sur ce point : « Et si Christ n'est pas ressuscité, notre prédication n'a plus de contenu, et votre foi est sans objet. Or, si Christ n'est pas ressuscité, votre foi est une illusion, et vous êtes encore sous le poids de vos péchés » (1 Corinthiens 15:14, 17). Si Jésus n'est pas vraiment mort pour nos péchés et n'est pas vraiment ressuscité, notre foi n'est rien d'autre qu'un vœu pieux, ou un déisme moraliste et thérapeutique.[12] Mettre sa foi dans des généralités ne rime à rien.

Si Paul était vivant aujourd'hui, il pourrait le dire de cette manière : Si Jésus n'est pas celui qu'il dit être, s'il n'est pas le Fils de Dieu devenu homme, s'il n'est pas vraiment mort à la croix pour notre salut, s'il n'est pas physiquement ressuscité des morts, s'il n'est pas vraiment monté au ciel et assis à la droite de Dieu le Père, alors cessons de jouer à l'église. Aucun de ces principes n'a de sens en soi. La foi dans la foi ? Foi en général ? Non. Parce que la foi en la vérité, la foi en l'amour et

---

11. Je dois cette définition à un sermon prêché par Tim Keller, mais je ne me souviens plus de quel sermon il s'agissait.

12. Le « déisme thérapeutique moraliste » est une expression introduite par Christian Smith et Melinda Lundquist Denton pour décrire les adolescents américains au tournant du XXIe siècle, et le cadre culturel qui en résulte sur la façon dont les gens postmodernes pensent à Dieu. Smith et Denton, Soul Searching : *The Religious and Spiritual Lives of American Teenagers* [La vie religieuse et spirituelle des adolescents américains] (New York : Oxford University Press, 2005).

la foi en la justice ne nous changeront pas et ne nous donneront pas une nouvelle vie. C'est la foi en Jésus. Nous ne sommes pas sauvés par nos œuvres, notre bonté ou nos principes. Nous sommes sauvés grâce au Christ et au Christ seul. C'est la foi en lui qui importe, car il est notre seul espoir.

Ensuite, la foi produit de bonnes œuvres. Les bonnes œuvres ne nous sauvent pas — pas du tout. Néanmoins, les bonnes œuvres découlent de notre foi. Cela n'a aucun sens de dire que nous avons reçu la grâce de Dieu et que nous avons la véritable foi biblique si notre vie ne change pas. La foi selon la Bible se mesure par la pratique qui en découle C'est par la grâce que nous sommes sauvés, mais s'il n'y a pas quelque chose qui se produit réellement dans notre caractère concret et notre comportement existant, alors ce n'est pas la véritable foi. Car, si la grâce conduit à la foi, la foi produit des bonnes œuvres. «Ce que nous sommes, nous le devons à Dieu; car par notre union avec Jésus-Christ, Dieu nous a créés pour une vie riche d'œuvres bonnes qu'il a préparées à l'avance afin que nous les accomplissions.» (Éphésiens 2.10).

Les chrétiens sont l'ouvrage de Dieu. *Poiema* est le mot grec qui signifie «ce qu'il nous a fait» ou «l'ouvrage de Dieu». Ce mot est la racine du mot poème. Les chrétiens sont uniquement les *poèmes* de Dieu — les œuvres d'art de Dieu. L'art est beau, l'art est précieux, et l'art est l'expression de l'être intérieur de l'artiste. Que signifie pour Paul le fait de dire que les chrétiens sont l'ouvrage de Dieu ? En Christ, nous sommes considérés comme beaux, perçus comme précieux et créés pour être une expression de notre Créateur, l'Artiste Divin.

Néanmoins, nous sommes une œuvre d'art qui a été entachée et défigurée par le péché. Avez-vous déjà vu un chef-d'œuvre abîmé, une grande œuvre d'artiste défigurée ? D'une certaine manière, la beauté originelle du chef-d'œuvre fait que cela soit une tragédie bien plus grande de le voir ruiné. Si un enfant prend un crayon de couleur et dessine sur les armoires de cuisine, cela fait mauvais effet. Mais c'est bien pire si un vandale peint des graffitis sur la Joconde de Léonard de Vinci. La grandeur et la rareté de ce qui a été dégradé déterminent le niveau de tragédie et le niveau d'horreur de notre réponse.

Il y a plusieurs années, j'ai eu l'occasion de me rendre à Rome. J'avais hâte de voir la *Pietà* dans la basilique Saint-Pierre. Conscient qu'elle était sculptée par Michel-Ange dans un seul bloc de marbre (la seule pièce connue qui soit personnellement signée par Michel-Ange), je voulais l'étudier de près. J'ai été déçu de découvrir qu'elle était située à une bonne distance du public, derrière des cordes et protégée par un panneau pare-balles. Pourquoi ces précautions ? Parce qu'en 1972, le dimanche de la Pentecôte, un géologue souffrant d'une maladie mentale affirmant être Jésus a frappé la sculpture avec un marteau. Les passants ont récupéré de nombreux morceaux de marbre qui tombaient. Certains ont été rendus, mais d'autres pas, notamment le nez de Marie, qui a été reconstruit plus tard à partir d'une section de marbre récupérée dans son dos. Les Italiens, ainsi que le reste du monde de l'art, ont été dévastés. Comment cette sculpture pourrait-elle un jour retrouver sa beauté d'origine ? Ils ont cherché dans le monde entier des maîtres artisans spécialisés dans la réhabilitation. Après beaucoup de temps, de compétences, de connaissances, de travail et d'intensité, le projet de réhabilitation était terminé.[13] Très

---

13. Un article du New York Times décrit un groupe de journalistes qui ont été autorisés à monter sur un échafaudage et à inspecter de près la sculpture restaurée devant le public. « La reconstruction du voile endommagé, de la zone des yeux, du nez, du bras et de la main semblait sans défaut, à l'exception de minuscules lignes qui n'étaient visibles qu'en inspectant de près. Il n'y avait aucune différence perceptible dans la couleur des parties réparées et de la surface de marbre environnante de la sculpture. Nous avons travaillé comme des dentistes », a déclaré Deoclecio Redig de Campos. Paul Hoffman, « Restored Pieta Show (Spectacle de la Piéta restaurée) ; Condition Near Perfect (État presque parfait) » New York Times, 5 janvier 1973, *https://www.nytimes.com/1973/01/05/archives/restored-pieta-shown-condition-near-perfect-marks-on-marys-cheek.htm*

peu de gens pouvaient reconnaître qu'il avait été endommagé par le passé.

C'est ce que Dieu fait pour tous ceux qu'il sauve par la grâce. Nous sommes son chef-d'œuvre, sa grande œuvre bien-aimée, et il ne laissera pas les dommages du péché avoir le dernier mot. Pour prouver notre valeur, Dieu ne nous refait pas seulement à l'image de Jésus Christ, mais il nous donne aussi une œuvre à accomplir dans Son monde. Nous accomplissons cette œuvre parce que Dieu nous a refaits. Lorsque nous le savons au plus profond de nos os, lorsque nous le comprenons vraiment, nous ne pouvons plus jamais dire que nos bonnes œuvres nous sauvent. Le moralisme ne pourra plus jamais être notre meilleure réponse. Nos bonnes œuvres sont le résultat de ce que Dieu a fait en nous. Elles reflètent la gloire de Dieu, pas la nôtre.

J'apprécie les idées qu'Eugene Peterson propose dans sa paraphrase de l'équation de la grâce de Paul :

> Maintenant, Dieu nous a placés là où il veut, avec tout le temps nécessaire en ce monde et le temps suivant pour nous combler de grâce et de bonté en Christ Jésus. Le salut est son idée et son œuvre. Tout ce que nous faisons, c'est lui faire suffisamment confiance pour le laisser faire. C'est le don de Dieu du début à la fin. Ce n'est pas nous qui jouons le rôle principal. Si c'était le cas, nous nous vanterions probablement d'avoir tout fait ! Non, nous ne nous créons pas plus que nous ne nous sauvons. Dieu produit à la fois notre faire et notre salut. Il crée chacun de nous par Jésus-Christ pour le rejoindre dans l'œuvre qu'il a faite, la bonne œuvre qu'il a préparée pour nous, une œuvre que nous sommes tenus d'accomplir.[14]

Dieu en Christ nous sauve de la condamnation, du jugement et de l'enfer.

---

14. Peterson, Eugene. *The message* (Le message), Éphésiens 2:7-10.

Dieu en Christ nous rachète, et nous sommes pleinement réconciliés.

Dieu en Christ nous justifie, en redressant ce qui était tordu.

Dieu en Christ nous refait, et nous sommes nés de nouveau.

Dieu en Christ nous adopte dans sa famille.

Nous ne sommes pas sauvés parce que nous avons mis notre foi dans une doctrine. Nous ne sommes pas sauvés par notre juste croyance. Nous sommes sauvés parce que quelque chose de l'extérieur — ou, mieux, quelqu'un — est venu en nous. Nous sommes si totalement refaits que la meilleure façon dont les auteurs de l'Évangile peuvent penser à le décrire est de le comparer à une nouvelle naissance. Les auteurs hébraïques l'ont décrit comme l'expérience d'avoir été arraché d'une fosse. Nous étions esclaves, et maintenant nous sommes libres. Nous ne sommes plus esclaves de la peur. Nous devenons enfants de Dieu. Avant, nous étions hors de la famille de Dieu, et maintenant nous sommes des membres à part entière de la famille de Dieu. Nous sommes justifiés devant le Père, ce qui signifie que les choses sont remises en ordre.

N'oublions jamais que le salut vient de l'extérieur, et non de l'intérieur de nous-mêmes. Nous ne sommes pas sauvés parce que nous sommes bons ; nous sommes sauvés parce que Dieu est bon. Voilà ce qu'est le salut. Dieu fait pour nous quelque chose que nous ne pourrions pas faire pour nous-mêmes. C'est la grâce salvatrice.

Nous nous tournons maintenant vers ce que le chef-d'œuvre d'une vie renouvelée en Christ peut devenir pleinement par le don de la grâce sanctificatrice.

▲□○ LA VIE

Par la **grâce sanctificatrice**,
le Saint-Esprit nous donne le pouvoir
de vivre une vie entièrement consacrée à Dieu.

Par la **grâce qui soutient**, le Saint-Esprit
œuvre avec nous pour permettre une vie fidèle
et disciplinée consacrée au service de Dieu.

Par une **grâce suffisante**, la puissance
de Dieu est rendue parfaite dans notre faiblesse.

4
LA GRÂCE QUI
NOUS SANCTIFIE

*Que le Dieu de paix vous rende lui-même entièrement saints
et qu'il vous garde parfaitement esprit, âme et corps pour
que vous soyez irréprochables lors de la venue de notre
Seigneur Jésus-Christ. Celui qui vous appelle est fidèle et
c'est lui qui accomplira tout cela.*
— 1 Thessaloniciens 5:23-24

Selon John Wesley, les quatre doctrines les plus importantes de l'Écriture sont le péché originel, la justification par la foi, la nouvelle naissance et la sainteté intérieure et extérieure.

La justification était un thème majeur de la Réforme protestante, qui a précédé Wesley de près de deux cents ans. Les réformateurs, Martin Luther en tête, ont proclamé que nous sommes justifiés auprès de Dieu par la foi uniquement.[1] Wesley confirme sans ambages la nécessité de la justification, mais en ajoutant une nouvelle naissance à sa liste de doctrines bibliques les plus importantes, il transmettait l'idée selon laquelle la croix et la résurrection traitent de manière décisive de la culpabilité de nos péchés et du problème central qui

---

1. La justification c'est être rendu juste devant Dieu, par la grâce de Dieu, par laquelle nos péchés sont pardonnés et notre culpabilité ôtée par le sacrifice expiatoire de la mort de Jésus à la croix. Voir le chapitre 3, «Grâce salvatrice».

nous pousse à pécher. Ainsi, pour Wesley, la nouvelle naissance est le début de la vie sainte ou, ce que nous appelons la « sanctification ».

Dans le dernier chapitre, nous avons discuté de la nature du péché et de ses conséquences néfastes sur notre monde et dans nos vies, mais quelle est l'origine du péché ? Quelle est la source du péché dans nos cœurs ?

La Bible dit que le péché provient de notre nature innée. « Nous aussi, nous faisions autrefois tous partie de ces hommes. Nous vivions selon nos *mauvais désirs d'hommes livrés à eux-mêmes* et nous accomplissions tout ce que notre corps et notre esprit nous poussaient à faire. Aussi étions-nous, *par nature*, voués à la colère de Dieu comme le reste des hommes. » (Éphésiens 2:3, italiques ajoutés). Ce verset attire l'attention sur deux phrases-clés qui sont largement incomprises et qui doivent être expliquées pour une meilleure compréhension.

Par nature

Tout au long de ses lettres du Nouveau Testament, Paul enseigne explicitement que les êtres humains naissent avec une nature désobéissante et pécheresse (Romains 7:18, 35 ; Éphésiens 2:1-3 ; Colossiens 3:5). Le péché n'est pas quelque chose que nous devons apprendre à faire. Personne ne doit nous apprendre à pécher. Il n'y a pas de cursus universitaire intitulé « Le péché : théorie et mise en pratique » avec trois niveaux : débutants — confirmés — experts. Cela nous vient naturellement, et nous sommes doués pour ça. Ce n'est pas une opinion populaire aujourd'hui, et ne l'a jamais été.

Né au IVe siècle, Pélage était un moine irlandais qui devint plus tard citoyen romain. Il a enseigné que les gens n'avaient pas une nature pécheresse mais que les enfants apprenaient à être pécheurs par les mauvais exemples qui leur étaient enseignés dans leur jeunesse. Pélage soutenait que nous sommes nés avec une nature neutre et que les enfants deviennent bons ou mauvais en grande partie grâce à leurs modèles. Par conséquent, selon lui, les péchés sont des actions délibérées de la volonté, et si nous appliquons nos meilleurs efforts, nous pouvons vivre une très bonne vie loin du péché.

Pélage a vécu à l'époque d'un autre éminent théologien, Augustin d'Hippone, perçu comme l'un des penseurs chrétiens les plus influents de l'histoire de l'Église occidentale. L'évêque nord-africain a beaucoup écrit sur l'existence du péché originel hérité de nos premiers parents spirituels et sur ses effets affaiblissants.

Augustin a fortement contesté l'opinion de Pélage, la qualifiant de contraire à la fois à l'Écriture et au bon sens, et il a contribué à faire sortir Pélage de l'Église sous l'accusation d'hérésie. Bien qu'il ait été qualifié d'hérétique par l'Église depuis le quatrième siècle, le pélagianisme est bien vivant dans l'Église aujourd'hui.

Lors d'un voyage à New York, ma femme et moi avons assisté au spectacle de Broadway *Wicked*, qui raconte l'histoire d'Elphaba, la méchante sorcière de l'Ouest (dans le célèbre film *Le Magicien d'Oz*), et de son amitié avec Glinda, la bonne sorcière du Nord. L'histoire raconte comment chaque femme lutte pour trouver son identité, mais finalement Elphaba choisit d'être méchante, et Glinda choisit d'être bonne — tout cela à cause des circonstances de leur vie. Elphaba rencontre des épisodes très douloureux, donc elle devient mauvaise ; dans la vie de Glinda, diverses choses heureuses se produisent, si bien qu'elle devient bonne. Ce n'est qu'une comédie musicale de fiction, mais d'innombrables personnes modernes sont enclines à penser de cette façon au sujet du péché.

Jésus, cependant, n'est pas d'accord : « Mais ce qui sort de la bouche vient du cœur, et c'est cela qui rend l'homme impur. Car, c'est du cœur que proviennent les mauvaises pensées, les meurtres, les adultères, l'immoralité, le vol, les faux témoignages, les blasphèmes » (Matthieu 15:18-19) Le cœur est la source qui rend impur ; le péché vient du cœur.

Vous voyez un petit enfant, à peine assez âgé pour marcher. Pourquoi agit-il ainsi ? Pourquoi est-il égoïste ? Pourquoi pique-t-il des crises de nerfs quand il n'obtient pas ce ce qu'il veut ? Un enfant n'est pas un pécheur en raison de son éducation. il n'a pas vécu assez longtemps pour que son modèle l'affecte à ce point. Un enfant est pécheur parce que le péché vient du cœur, il est inné. Il n'est pas nécessaire de lui apprendre à être égoïste — il le fait naturellement. Le péché exposé est une expression de ce qui est déjà en une personne. David l'a confessé : « Car je reconnais mes torts : la pensée de mon péché |me poursuit sans cesse » (Psaume 51:5). C'est le fait empirique du péché originel.

À quoi cela ressemble-t-il sur le plan théologique ? Chaque personne est créée à l'image de Dieu, et Dieu est saint et bon. Telle qu'elle a été créée à l'origine, l'humanité reflétait la nature divine, mais la source de la sainteté et de la bonté n'était pas nous-mêmes — c'était le Dieu éternel et trinitaire. Comme l'expliquent William Greathouse et Ray Dunning : « Seul Dieu est essentiellement saint. Nous ne sommes saints que parce que nous sommes à juste titre liés à Dieu et remplis de son Esprit de sanctification ». Ainsi, depuis l'introduction du péché depuis la chute et ses conséquences, notre nature essentielle à l'image de Dieu reste intacte alors que l'image morale de Dieu est détruite.[2] Greathouse et Dunning poursuivent : « Par essence, l'homme est bon, une personne créée pour Dieu. Par son

---

2. *Imago Dei* est la traduction latine de « image de Dieu ». Alors que l'image morale de Dieu dans l'humanité est ternie par la chute, la nature essentielle de Dieu maintient la valeur de chaque personne, faite à l'image de Dieu. Diane LeClerc note que la théologienne nazaréenne Mildred Bangs Wynkoop, fidèle à l'enseignement de John Wesley, « définit l'image de Dieu dans l'humanité comme la capacité d'aimer, dans le contexte d'une relation avec Dieu, les autres, soi-même et la Terre ». LeClerc, *Discovering Christian Holiness* (Découvrir la sainteté chrétienne) : *The Heart of Wesleyan-Holiness Theology* (Le cœur de la théologie de sainteté wesleyenne) (Kansas City : MO : Beacon Hill Press of Kansas City, 2010), 312. Voir également la dernière section de ce chapitre, « Définir la sanctification totale ».

existence, l'homme est un pécheur, un rebelle aliéné de la vie de Dieu et donc corrompu ».[3] Par essence bon, par existence rebelle. C'est le péché originel.

Nous avons une nature avec laquelle nous sommes nés. Ce n'est pas une « chose » en nous qui aurait besoin d'être ôtée, l'image d'une vésicule biliaire malade. C'est notre disposition à l'orgueil et à l'égocentrisme. C'est notre tendance innée à la violence, à l'ego, à l'autosuffisance et à l'auto-préservation. C'est un narcissisme de premier ordre et dans sa forme la plus évidente — ce qui signifie que le péché dans notre cœur est plus que quelques indiscrétions que nous commettons dans nos pires moments ; c'est le mépris du premier commandement (Exode 20:2) et l'incapacité d'adorer Dieu seul. N. T. Wright nous rappelle combien nous baignons profondément dans le péché :

Le diagnostic de la condition humaine n'est donc pas simplement que les humains ont enfreint la loi morale de Dieu, offensant et insultant le Créateur, dont ils portent l'image — bien que cela soit également vrai. Cette violation de la loi est le symptôme d'une maladie bien plus grave. La moralité est importante, mais ce n'est pas tout. Appelés à la responsabilité et à l'autorité au sein et sur la création, les hommes ont bouleversé leur vocation, rendant hommage et allégeance aux forces et pouvoirs de la création elle-même. On appelle cela l'idolâtrie. Les conséquences sont l'esclavage et finalement la mort.[4]

---

3. Greathouse and Dunning, *An Introduction to Wesleyan Theology* (Une Introduction à la théologie wesleyenne) Beacon Hill Press of Kansas City, 1982), 52. Ils poursuivent en détaillant la signification historique du péché originel (Romains 5:12-21) et la signification existentielle du péché originel (Romains 7:14-25), 53-54. La perspective wesleyenne du péché originel est différente de la doctrine calviniste de la dépravation totale.

4. N. T. Wright, *The Day the Revolution Began* (Le jour où la révolution commença) : *Reconsidering the Meaning of Jesus's Crucifixion* (Une nouvelle approche du sens de la crucifixion de Jésus) (New York : (New York : HarperCollins Publishers, 2016), 76-77.

Nous pâtissons de bien plus que d'un mauvais bilan. Nous pâtissons d'une nature déchue. La grâce de Dieu est nécessaire pour assurer la délivrance et la guérison de l'état de péché et des actes de péché — originels et actuels. Pour cela, nous avons besoin à la fois de justification et de sanctification. Nous avons besoin d'être formés à nouveau en tant que personnes, et nous avons besoin que nos cœurs soient radicalement transformés. C'est pourquoi Wesley a mis l'accent sur la sainteté intérieure et extérieure. Nous devons recevoir le pardon de nos péchés, la vie en Christ, et la purification de nos cœurs par la foi. Il en résulte une pleine restauration de l'image de Dieu qui était perdue.

Les œuvres de la chair

Comme indiqué précédemment, les écrits du Nouveau Testament — en particulier ceux attribués à l'apôtre Paul — font souvent référence à un aspect des conséquences catastrophiques du péché originel comme étant des « œuvres de la chair ». Le mot « chair » dérive d'un seul mot grec, *sarx*.[5] À ne pas confondre avec le corps, ce terme est utilisé dans un sens spirituel pour désigner le penchant égocentrique qui cherche à être gratifié, l'amour démesuré du « je » qui vit pour soi-même plutôt que de s'abandonner pleinement à la volonté et aux

---

5. La théorie des deux natures de la vie chrétienne a été introduite par un point de vue dispensationaliste largement répandu à la fin du XIXe et au début du XXe siècle, qui a eu une grande influence sur de nombreux évangéliques, y compris sur un certain nombre de prédicateurs et d'enseignants évangéliques remarquables. Cette influence a conduit le comité de la première traduction (1973) de la New International Version à traduire « chair » (*sarx*) par « nature pécheresse ». Dunning souligne que Greathouse a par la suite suggéré qu'il était « virtuellement impossible d'utiliser [cette version de la traduction] comme base pour une interprétation fidèle du grec original ». Le comité de traduction de la NIV de 2011 a révisé sa traduction en rendant ce mot par « chair ». Dunning, *Pursuing the Divine Image* (La quête de l'image divine): *An Exegetically Based Theology of Holiness* (Théologie de la sainteté fondée sur l'exégèse) (Marrickville, Nouvelle-Galles du Sud Southwood Press, 2016), Kindle Location 786.

desseins de Dieu.[6] Martin Luther — et Augustin avant lui — ont décrit graphiquement cet état comme celui d'« être renfermé sur soi-même » (*incurvatus in se*). Réfléchissez bien à l'image mentale que Luther dépeint de l'état de repli sur soi : « Notre nature, par la corruption du premier péché, est si profondément repliée sur elle-même qu'elle ne se contente pas de garder pour soi les meilleurs dons de Dieu et d'en jouir (comme il est évident dans les œuvres — les justes et les hypocrites), mais va jusqu'à utiliser Dieu lui-même pour atteindre ces dons, mais elle ne se rend pas compte non plus qu'elle cherche d'une manière si perverse, d'une manière si détournée et méchante, toutes choses y compris Dieu, pour son propre bien ».[7]

Lorsque Paul dit : « Vouloir le bien est à ma portée, mais non l'accomplir. » (Romains 7.18), il fait référence à l'impuissance de sa chair à aimer et à obéir à Dieu de tout son cœur. Il est, et nous sommes, esclaves du « je » qui veut ce que nous voulons. Dans sa lettre aux Galates, Paul explique que la chair est en guerre contre l'Esprit : « Car ses désirs sont diamétralement opposés à ceux de l'Esprit ; et l'Esprit a des désirs qui s'opposent à ceux de l'homme livré à lui-même. Les deux sont opposés l'un à l'autre, c'est pourquoi vous ne pouvez pas être votre propre maître. » (Galates 5:17). Il poursuit ensuite en illustrant des exemples vivants des œuvres de la chair et des actions et attitudes de la chair, par opposition au fruit de l'Esprit (versets 19 à 23). Puis, pour enfoncer le clou, Paul déclare : « Car ce à quoi tend l'homme livré à lui-même mène à la mort, tandis que ce à quoi tend l'Esprit conduit à la vie et à la paix. » (Romains 8.6). Ma paraphrase : Soit nous tuons les œuvres de la chair, soit ce sont elles nous tueront. Voilà la gravité de notre condition charnelle.

---

6. 37. Greathouse et Dunning définissent la chair comme « je vis pour moi-même. » Greathouse et Dunning, An Introduction to Wesleyan Theology (Introduction à la théologie wesleyenne), 53.

7. Martin Luther, *Lectures on Romans* (Enseignements sur Romains), WA 56.304.

L'idée biblique de la chair a été généralement mal comprise au fil des ans. Malheureusement, certains pensent que la chair et l'Esprit correspondent au corps et à l'âme et que « chair » désigne la peau qui recouvre notre corps.[8] Par conséquent, certains ont été amenés à supposer que si la chair est la source du mal et du péché, alors nos corps physiques doivent être intrinsèquement mauvais. C'est pourquoi, selon cette manière de voir, nous devrions minimiser les aspects physiques de notre vie, discipliner notre corps pour qu'il se soumette, et ne permettre aucun plaisir ni aucune satisfaction physique.[9] Bien que cela puisse paraître extrême, cela se produit dans une certaine mesure chaque fois qu'une hiérarchisation des péchés est créée, comme les péchés du corps et les péchés de l'esprit, et lorsque nous insistons sur l'idée que les uns sont sûrement pires que les autres (par exemple, l'immoralité sexuelle doit être pire que les commérages ou l'amertume ; l'ivresse doit être pire que l'orgueil ou le racisme). Par conséquent, si quelqu'un commet un péché du corps — également considéré comme un péché « mortel » — il est presque impardonnable, mais les péchés de l'esprit ne sont pas considérés pour la raison selon laquelle « personne n'est parfait ». Séparer et classer le péché de cette manière relève clairement d'une compréhension faussée de la sainteté telle qu'elle est définie dans les Écritures, sans parler du fait que Paul classe tous les péchés dans une seule catégorie (par exemple,

---

8. La « chair » et le « corps » sont deux mots distincts dans le Nouveau Testament : *sarx* and *soma*.

9. Une grande partie de l'hérésie du gnosticisme est basée sur une conception erronée selon laquelle la chair correspond au corps. L'idée platonicienne d'une âme suprême abstraite amène certains, même aujourd'hui, à regarder le corps avec mépris et à souligner la mortalité d'une âme éternelle sans corps. Toutefois, cette enseignement erroné est en contradiction flagrante avec la doctrine biblique de la résurrection du corps. Pour combattre cette mauvaise compréhension répandue, les premiers crédos chrétiens ont souligné l'importance de la résurrection du corps (par exemple, « Nous croyons en la résurrection du corps et en la vie éternelle », le Symbole des Apôtres).

voir Galates 5:16-21 : l'idolâtrie et les querelles sont toutes deux iden-
tifiées comme « œuvres de la chair »).

Le corps humain n'est évidemment pas une mauvaise chose en
soi. Après tout, Dieu a créé le corps humain et a ensuite pris un
corps humain en Jésus. Lorsque Paul veut parler du corps physique,
il choisit généralement le mot grec *soma*, et non *sarx*, ce qu'il mentionne treize fois rien que dans l'Épître aux Romains. Le mot *soma*
peut désigner soit le corps physique de l'homme, soit l'ensemble d'une
personne, comme dans Romains 12:1 : « Je vous recommande donc,
frères et sœurs, à cause de cette immense bonté de Dieu, à lui offrir
votre corps comme un sacrifice vivant, saint et qui plaise à Dieu. Ce
sera là de votre part un culte raisonnable.

Alors qu'est-ce que la chair, et pourquoi la grâce sanctificatrice
est-elle nécessaire ? » La chair c'est le penchant de l'homme tout entier (corps, esprit et âme) qui veut devenir son propre dieu, plutôt que
de se livrer à la seigneurie de Jésus. C'est l'aspect pécheur de notre
personne qui veut vivre sa vie indépendamment de Dieu, c'est — être
son propre roi et son propre sauveur, plutôt que de dépendre de Jésus.
Avant la grâce salvatrice, nous étions complètement sous l'emprise
de la chair et non de l'Esprit. Nous avons une nature pécheresse —
une disposition du cœur qui croit que nous pouvons nous sauver et
qui est totalement consumée et dominée par la pensée de la chair.
Toutefois, au moment de notre justification (pardon des péchés) et de
notre régénération (nouvelle naissance), nous avons reçu le don du
Saint-Esprit.[10] Les adeptes de la tradition wesleyenne de la sainteté
parlent aussi de « sanctification initiale » parce qu'on ne peut pas nous

---

10. Si la « régénération » n'est pas un mot biblique en soi, les théologiens ont créé
ce mot pour décrire la nouvelle vie qu'une personne reçoit par la grâce à la suite de sa
nouvelle naissance en Christ. Dans un sens très réel, on est élevé à une nouvelle vie,
une résurrection spirituelle se produit et des changements réels s'ensuivent de manière
tangible et intangible.

donner ce qui est saint — l'Esprit de Jésus — et ne pas commencer nous-mêmes le parcours de la vie sainte.[11]

C'est là que commence la guerre de la souveraineté. Qui sera le roi de ma vie ? Avant de devenir chrétiens, il n'y avait pas de guerre, pas même un combat occasionnel. La chair qui était attachée à notre auto-souveraineté et à nos désirs égoïstes nous dominait. Lorsque nous recevons le Saint-Esprit, nous recevons de nouveaux désirs, de nouvelles motivations et l'Esprit de Christ (Romains 12:2 ; 1 Corinthiens 2:16 ; Philippiens 2:5). Ces deux forces, la chair et l'Esprit, sont en opposition et sont en conflit maintenant pour la domination. Le processus de sanctification est enclenché mais nous devons grandir dans notre vie de sainteté.

Lorsque Paul a écrit à l'église de Corinthe, il « ne pouvait s'adresser à eux comme à des hommes et des femmes conduits par l'Esprit » (1 Corinthiens 3:1). Cela signifie-t-il qu'ils n'étaient pas chrétiens ? Non, ils étaient des chrétiens nés de nouveau. En fait, il commence la lettre en les appelant « ceux qui sont sanctifiés dans le Christ Jésus » et « appelés à être saints » (1:2). La régénération, la justification et la rédemption avaient eu lieu. Leur parcours de grâce avait commencé. Leur problème était que le combat de la chair persistait. Leurs envies personnelles, leur rivalité, leur orgueil et leurs divisions étaient encore bien présents. Ils étaient chrétiens — mais toujours « des personnes conduites par la chair » (3:1) — ce que Paul assimilait à une foi immature. Ils étaient chrétiens, mais « des nouveau-nés en Christ » (3:1). Ils devaient grandir. C'est une autre façon de dire qu'il y avait encore en eux un niveau de résistance qui n'avait pas encore pleinement abandonné sa volonté et son esprit à Dieu.[12]

---

11. « Wesley n'a jamais utilisé ce terme [sanctification initiale], mais cela signifie qu'il croit qu'au moment du salut commence le processus de justification. » LeClerc, *Discovering Christian Holiness* (Découvrir la sainteté chrétienne), 318.

12. Le terme grec traduit par « pensée » est l'un des termes anthropologiques les plus significatifs utilisés par Paul. Il désigne l'aspect de raisonnement d'une personne lorsque

Là encore, John Wesley donne un aperçu précis du contexte des déclarations de Paul. Demandant si les Corinthiens avaient perdu leur foi, Wesley a insisté : « Non, il [Paul] déclare manifestement qu'ils ne l'ont pas perdue ; sinon ils n'auraient pas été des « nouveau-nés en Christ ». Et il parle d'être « charnel » et « nouveau-né en Christ » comme d'une seule et même chose, montrant clairement que tout croyant est (à un degré ou à un autre) « charnel » alors qu'il n'est qu'un « nouveau-né en Christ ».[13] Pour Wesley, « charnel » est l'équivalent d'être « dans la chair » et représente une foi immature qui doit grandir dans la ressemblance au Christ et le chemin de l'abandon de soi de la croix.[14] Cela est vrai pour chaque croyant. La question n'est pas celle du salut mais de la seigneurie. Les sanctifiés doivent grandir de plus en plus dans la ressemblance à Jésus. Il ne s'agit d'une chose qui doit mourir en eux — ils doivent eux-mêmes mourir, dans un sens à la fois réel et figuré, à ce qui régissait leur vie auparavant.[15] Les références religieuses ne suffiront pas ; les normes morales ne suffiront pas. Il faut mourir à la confiance qu'on a dans la chair.

---

les pouvoirs de jugement sont exercés ». Dunning, *Pursuing the Divine Image* (La quête de l'image divine), Kindle Location 814. La capacité donnée par Dieu à chaque personne de penser et d'utiliser l'intellect pour comprendre les choses est un aspect de ce que l'on appelle en théologie le quadrilatère wesleyen connu sous le nom de « raison ».

13. Wesley, Sermon 13 : « On Sin in Believers », dans *The Complete Works of John Wesley* (L'oeuvre complète de John Wesley) : *Vol. 1, Sermons 1-53* (Fort Collins, CO : Delmarva Publications, 2014), 3.2.

14. Dunning fait remarquer que « charnalité » (ou « carnalité ») est un terme trompeur, dans la mesure où il s'agit d'un substantif alors que l'écriture utilise toujours charnel [sensuel] de manière adjectivale ». Dunning, *Pursuing the Divine Image* (La quête de l'image divine), Kindle Location 2076. Cela rejette également l'idée selon laquelle « la chair » est une sorte de chose étrangère, comme une « tumeur cancéreuse vivant métaphoriquement en nous » qui doit être retirée par chirurgie. Ibid, Kindle Location 801. Les adeptes du concept de quelque chose qui doit être retiré, y compris certains prédicateurs de la Sainteté du XIXe siècle, appellent cela l'éradication.

15. William H. Greathouse avec George Lyons, *New Beacon Bible Commentary, Romans 1-8 : A Commentary in the Wesleyan Tradition* (Un commentaire dans la tradition wesleyenne) (Kansas City, MO : Beacon Hill Press of Kansas City, 2008), 182.

Dans un moment étonnant de candeur vulnérable, Paul confessa :
« Et pourtant, je pourrais, moi aussi, placer ma confiance dans ce qui
vient de l'homme. Si quelqu'un croit pouvoir se confier en ce qui vient
de l'homme, je le puis bien davantage : j'ai été circoncis le huitième
jour, je suis Israélite de naissance, de la tribu de Benjamin, de pur
sang hébreu. Pour ce qui concerne le respect de la Loi, je faisais partie
des pharisiens. Quant à mon zèle, il m'a conduit à persécuter l'Église.
Face aux exigences de la Loi, j'étais sans reproche. » (Philippiens 3:4-
6). Il avait toutes les qualifications religieuses pour être considéré
comme juste, mais sa confiance aurait été dans la chair. Paul poursuit : « Toutes ces choses constituaient, à mes yeux, un gain, mais à
cause de Christ, je les considère désormais comme une perte. » (3:7).
Il gardait les règles et obéissait à la loi, mais il vivait selon la chair
aussi longtemps qu'il croyait et dépendait de sa propre justice pour le
sauver ou le rendre saint. C'étaient de bonnes choses qui avaient été
élevées à une place centrale dans sa vie — il devait donc mourir en
ces choses afin de pouvoir connaître Christ. De plus, en ayant une
connaissance totale et croissante de Christ, Paul a échangé ses efforts
moraux durement gagnés contre la justice salvatrice et sanctificatrice
du Christ : « Mon désir est d'être trouvé en lui, non pas avec une
justice que j'aurais moi-même acquise en obéissant à la Loi mais avec
la justice qui vient de la foi en Christ et que Dieu accorde à ceux qui
croient. » (3:9).

De nombreuses personnes sont morales, voire religieuses, mais la
condescendance, la rigidité, les préjugés, la dureté et la froideur d'esprit sont des signes révélateurs que la chair s'est emparée de la religion
et l'a utilisée comme une stratégie pour éviter de dépendre de Jésus-
Christ pour être saint. Le pharisien est un homme d'affaires avide qui
exploite ceux qui sont pris au piège de la pauvreté pour faire du profit,
tout comme la chair. Aux yeux de Dieu, c'est la même chose. Ce sont

deux personnes qui ont entrepris des stratégies pour forger leur propre chemin dans la vie en dehors de Dieu.

Voici la difficile vérité : même les chrétiens peuvent continuer à vivre selon la chair. Avant l'avènement de la grâce salvatrice, la chair ne fait pas la guerre à l'Esprit parce que nous sommes morts dans nos péchés. Pourtant, même lorsque l'Esprit de Dieu vit en nous, nous pouvons continuer à vivre de façon charnelle. Nous pouvons toujours prendre les bonnes choses et en faire des choses définitives. Nous pouvons encore vivre selon notre propre force et puissance, au lieu de dépendre de celle de Dieu. C'est pourquoi nous avons besoin de la grâce sanctificatrice. Nous avons besoin de la grâce de Dieu pour crucifier la chair qui veut ne dépendre que d'elle-même — pour mettre à mort la partie charnelle de notre corps, qui veut vivre comme elle l'entend, ceci afin de permettre à l'Esprit de Jésus d'exercer sur nous une emprise totale.[16]

Oswald Chambers, professeur écossais et écrivain dévoué, s'attache à mourir à lui-même pour que Christ soit de plus en plus révélé :

> Je dois prendre mes opinions émotionnelles et mes croyances intellectuelles et être prêt à les transformer en un verdict moral contre la nature du péché, c'est-à-dire contre toute revendication de mon droit à moi-même. ... Une fois que j'ai pris cette décision morale et que j'ai agi en conséquence, tout ce que Christ a accompli pour moi sur la croix s'accomplit en moi. Mon engagement sans réserve envers Dieu donne à l'Esprit Saint l'occasion de m'accorder la sainteté de Jésus-Christ. ... Ma personnalité

---

16. Oswald Chambers fait référence à la notion de mourir à soi-même comme une identification à la mort de Jésus et une « co-crucifixion » volontaire. De la même manière, le chrétien peut être uni à Jésus dans sa résurrection et partager une « co-résurrection » vers une nouvelle vie. La vie de résurrection de Jésus est maintenant expérimentée dans la vie de sainteté. Chambers, *My Utmost for His Highest* (Mon meilleur pour Sa grandeur) (Uhrichsville, OH : Barbour and Company, 1935), 73.

demeure, mais ma motivation première pour vivre et la nature qui me gouverne sont radicalement changées.[17]

La chair ne doit pas tenir les rênes de nos vies. La liberté est offerte pour une vie sainte. La grâce sanctificatrice est le moyen et la solution. Alors comment la grâce sanctificatrice fonctionne-t-elle réellement dans le parcours de la grâce ? Pour cela, nous faisons un rappel du chapitre.

Devenir comme Jésus

Je veux raconter l'histoire de quelqu'un que je vais appeler George, qui n'est pas son vrai nom. George était un membre de mon église et une personne très malheureuse. Il était toujours bouleversé par quelque chose. Il n'aimait pas la musique ni mes prédications. Il disait que je ne prêchais pas la sainteté comme il l'entendait quand il était enfant. De plus, il n'aimait pas particulièrement les gens, surtout les nouveaux. George m'a écrit des lettres de sept pages contenant certains des commentaires les plus horribles que l'on puisse imaginer, critiquant chaque geste que je faisais dans mon pastorat, et en plus sous-entendant que je connaissais mes motivations.

Pendant un certain temps, il s'est plaint que l'église était repliée sur elle-même et n'évangélisait pas. Puis, quand l'église a commencé à se remplir de nouvelles personnes, il n'a pas aimé cela non plus parce que maintenant, a-t-il dit, nous ne nous soucions plus des gens qui étaient là depuis des années et qui avaient payé le prix pour que l'église devienne stable. Il a déclaré que l'église grandissait numériquement parce que nous volions les brebis d'autres églises (ce qui n'était pas vrai). En fin de compte, George ne voulait pas que les choses changent.

George a consommé une grande partie de mon énergie émotionnelle en tant que pasteur. Il a menacé à plusieurs reprises de quitter

---

17. Chambers, *My Utmost for His Highest* (Mon meilleur pour Sa grandeur), 58.

l'église. Je pense qu'au fond de lui, il savait ce que nous savions tous — qu'aucune autre église ne le tolérerait. Finalement, un jour, je l'ai appelé et lui ai dit : « George, tu sais que je t'aime, mais plus de lettres ni d'e-mails. Je ne peux pas entendre ton cœur au travers d'un courriel, et tu ne peux non plus entendre le mien. À partir de maintenant, si tu as une inquiétude ou une plainte, tu devras le dire en face ».

Il semble que les choses se soient améliorées, du moins pendant un certain temps. Il ne m'a plus jamais envoyé de lettre, mais il a continué à répandre de ondes négatives dans l'église. Il en est arrivé au point que George était plus un moustique qu'un molosse, plus agaçant que dangereux.

Le plus triste pour moi était que George n'était pas transformé. Il était grincheux et l'avait été depuis aussi longtemps que l'on puisse se souvenir. Ce n'était pas seulement à l'église. Il n'était pas un bon mari pour sa femme ; ses enfants ne voulaient pas être près de lui ; et il n'avait aucune joie dans sa vie. Le plus surprenant, c'est qu'il avait fréquenté l'église pendant plus de soixante ans. Pire encore, personne n'a été surpris qu'il ne change pas, et personne n'a même été particulièrement gêné par cela. Ils l'avaient accepté. « Oh, c'est comme ça qu'il est, George », disaient-ils. Personne ne s'attendait à ce qu'il devienne plus comme Jésus.

En pensant à George, j'en suis venu à croire que la mauvaise question à poser sur la santé d'une église est : « Combien de personnes la fréquentent ? » La meilleure question, ou du moins qui va dans la bonne direction, est de se demander « Comment sont ces gens ? »[18] Lorsque quelqu'un devient chrétien, le but n'est pas seulement d'apprendre à suivre le Christ, mais aussi de vivre réellement une vie conforme à celle de Christ. C'est le but de tout disciple sur le parcours de la grâce.

---

18. Bill Hull, *The Disciple-Making Pastor* (Le pasteur faiseur de disciples) (Old Tappan, NJ : Revell, 1988), 13.

Le but de la formation de disciples

Lorsque Paul a exposé les dons du ministère, il a dit qu'il y aurait des apôtres, des prophètes, des évangélistes, des pasteurs et des enseignants, mais que leur but unifié serait « pour que les membres du peuple saint soient rendus aptes à accomplir leur service en vue de la construction du corps de Christ. » (Éphésiens 4:12). Il y a beaucoup à dire sur la formation des disciples, mais commençons par la notion de « corps ».

Le corps est une analogie intrigante, car chaque fois qu'il est question de croissance spirituelle, on suppose que quelque chose est vivant. Tous les êtres vivants grandissent. Les choses mortes restent statiques ou se décomposent. Seuls les êtres vivants grandissent. Les choses inanimées ne grandissent pas. Un meuble ne grandit pas. Une pierre ne pousse pas. Seuls les organismes poussent.

Un organisme peut être (1) une chose vivante telle qu'une plante, un animal ou une personne, ou (2) un système fonctionnel de parties interdépendantes qui constituent une créature ou une chose vivante. Les plantes sont des organismes. Les plantes ne peuvent pas pousser sans lumière solaire, sans eau et sans nutriments. Elles ont besoin d'un écosystème pour soutenir leur croissance, sinon elles meurent. Notre corps humain est aussi un organisme. L'anatomie humaine est un système de parties interdépendantes qui fonctionnent — un système opérationnel conçu pour fonctionner ensemble : « Le corps humain forme un tout, et pourtant il a beaucoup d'organes. » (1 Corinthiens 12:12). Lorsqu'une partie de notre corps ne fonctionne pas correctement, même si elle semble insignifiante, cela peut perturber l'ensemble du système et nous rendre malades.

Lorsque Paul dit que nous sommes le corps du Christ, il souligne que l'Église est aussi un organisme, composé de personnes dynamiques et vivantes qui sont des parties interdépendantes travaillant ensemble et dépendantes les unes des autres pour leur vitalité et leur santé par la puissance du Saint-Esprit : « Un corps n'est pas composé d'un membre ou d'un organe unique, mais de plusieurs. » (1 Corinthiens 12:14). Lorsque les parties ne travaillent pas ensemble de manière holistique, il devient malade et faible. À l'inverse, lorsque les parties sont reliées et se développent ensemble de manière nutritive, il en résulte vitalité et santé, une forme commence à se former et un but final (*telos*) est atteint. Nous construisons le corps, « Ainsi nous parviendrons tous ensemble à l'unité dans la foi et dans la connaissance du Fils de Dieu, à l'état d'adultes, à un stade de maturité où se manifeste la plénitude qui nous vient de Christ. » (Éphésiens 4:13). L'objectif de la maturité chrétienne est la pleine stature de la ressemblance avec le Christ. Il n'y a pas d'autre objectif. Ainsi en va-t-il pour l'Église également. Lorsque nos membres individuels se rassemblent, c'est pour ressembler au corps du Christ. En outre, au cas où nous l'aurions manqué la première fois, Paul répète que « en exprimant la vérité dans l'amour, nous grandirons à tous égards vers celui qui est la tête : Christ. C'est de lui que le corps tout entier » tire sa croissance en ce qu'il est destiné à être (v. 15).

L'objectif de toute croissance spirituelle, individuelle et communautaire, personnelle et collective, est de devenir de plus en plus semblable à Jésus. L'acte ou le processus de devenir comme Jésus est la sanctification, et est rendu possible par la grâce sanctificatrice.

La sainteté n'est pas facultative

En grecque, le mot sanctification est liée au mot « saint » (*hagios*). La théologie wesleyenne de la sainteté soutient que la bonne nouvelle de l'évangile ne consiste pas seulement au fait que nous serons un jour avec Dieu lorsque nous mourrons, mais également au fait que l'offre d'une vie abondante dans le royaume de Dieu est pour le moment, là où nous nous trouvons. Le plan de Dieu est que son image en nous qui a été entachée par la chute soit restaurée dans toute sa beauté et sa gloire, que nous devenions son chef-d'œuvre, reflétant l'image de

Christ dans ce que nous pensons, disons et faisons. C'est ce qu'on appelle la sanctification, et c'est ce que nous sommes en train de devenir. Elle n'est pas facultative pour un chrétien en pleine croissance.

Lorsqu'une personne achète un nouveau véhicule, le vendeur discute de l'équipement standard et des accessoires en option. Chaque véhicule sera livré avec un volant, des ceintures de sécurité, des rétroviseurs, un moteur, etc. Il s'agit d'un équipement standard — chaque véhicule en est équipé. Toutefois, si quelqu'un souhaite des vitres automatiques, des roues spéciales et une chaîne stéréo par satellite, il doit se renseigner sur le prix de ces accessoires optionnels, ce qui signifie que toutes les voitures n'en sont pas équipées. La sanctification n'est pas un accessoire optionnel pour un disciple de Jésus. C'est un équipement standard pour chaque modèle. Nous sommes appelés à devenir comme Jésus car la croissance n'est pas une option. Nous grandissons toujours vers quelque chose — toujours en train de nous former spirituellement.

Paul l'affirme à nouveau dans Romains 12 lorsqu'il dit : « Ne prenez pas comme modèle le monde actuel, mais soyez transformés par le renouvellement de votre intelligence, pour pouvoir discerner la volonté de Dieu : ce qui est bon, ce qui lui plaît, ce qui est parfait. » (12:2). Conformé ou transformé sont nos deux seules alternatives. Si nous ne sommes pas transformés (changés de l'intérieur) par le pouvoir de renouvellement de Dieu, alors nous sommes conformés (façonnés et modelés) par des forces opposées à Dieu qui sont en liberté dans le monde. La question n'est pas de savoir si vous allez être transformé spirituellement ; la question est de savoir ce qui vous transformera. Si Dieu ne nous transforme pas, il y a un ennemi spirituel — un adversaire, le malin — qui est parfaitement heureux de configurer notre vie.

En sommes, le monde sans Dieu déforme et difforme les gens. Dieu réforme et transforme. C'est pourquoi la sanctification

— devenir comme Jésus — est si importante. Peu de mots résument mieux la volonté de Dieu pour la vie humaine que ceux de l'Écriture : « Ce que Dieu veut, c'est que vous deveniez toujours plus saints » (1 Thessaloniciens 4:3) ; et « Faites tous vos efforts pour être en paix avec tout le monde et cultivez la sainteté sans laquelle nul ne verra le Seigneur. » (Hébreux 12:14). Le commandement de rechercher la paix et la sainteté implique une action sur la passivité. La croissance spirituelle d'une personne est appelée sanctification, ou sainteté. La sanctification initiale et l'entière sanctification ne sont pas pareilles, mais le but de toute sanctification est de devenir comme Jésus. C'est la volonté de Dieu pour la vie de chaque chrétien car, si nous ne « nous grandirons à tous égards vers celui qui est la tête : Christ. », nous sommes formés par autre chose que l'amour saint (Éphésiens 4:15).

Une équation pour la croissance spirituelle

La formation de disciple n'est pas une option. La plupart des chrétiens n'argumenteraient pas sur ce point. La vraie question est de savoir comment cette croissance se produit-elle ? James Emery White explique ce que plusieurs personnes croient du processus de formation de disciples. La formule qu'il propose est donnée sous la forme d'une équation mathématique :

Salut + Temps + Application individuelle = Changement de vie

La formule se développe sur la base de quatre hypothèses : (1) le changement de vie se produit au moment du salut ; (2) il continue à se produire naturellement au fil du temps ; (3) il est réalisé en grande partie par un acte de volonté ; et (4) il est préférable de l'accomplir seul.[19] Examinons attentivement l'hypothèse proposée.

---

19. James Emery White, *Rethinking the Church* (Redéfinir l'Église) : *A Challenge to Creative Redesign in an Age of Transition* (Un défi de redéfinition créative en période de transition) (Grand Rapids : Baker Books, 1997), 55.

Premièrement, le « salut ». Le salut est une transformation si radicale de notre être (« né de nouveau ») qu'il y a un changement immédiat du cœur qui se traduit par une conversion miraculeuse des désirs, des habitudes, des attitudes et du caractère. Les chrétiens naissent, ils ne sont pas faits. Puisque le salut modifie le statut de notre relation avec Dieu, change notre destinée éternelle et introduit la puissance et l'œuvre du Saint-Esprit dans nos vies, une croissance immédiate et substantielle est attendue. C'est l'hypothèse du salut.

Deuxièmement, le « temps ». Bien que le processus de transformation ait lieu lors de la conversion, il est évident qu'une personne n'est pas totalement transformée lorsqu'elle devient chrétienne. Il reste encore des poches de résistance et d'égoïsme qui doivent être traitées, dit J.E. White, mais ce sont des choses dont il faut traiter au fil du temps.[20] Par conséquent, la formule signifie qu'un chrétien de cinq ans aura cinq ans de maturité spirituelle et qu'un chrétien de dix ans aura dix ans de maturité, et ainsi de suite. La foi ne peut que grandir avec le temps, donc tout ce que nous avons à faire est de lire la Bible et de fréquenter l'Église autant que possible, et le fruit de l'Esprit se manifestera, et nous deviendrons plus semblables à Jésus. C'est l'hypothèse du temps.

Troisièmement, « l'application individuelle ». Cela concerne la volonté d'une personne. L'idée est que tout ce qui n'arrive pas naturellement au fil du temps sera complété par la détermination et l'effort humain. Il suffit de décider de vivre et d'agir d'une certaine manière (et de faire preuve d'un peu de persévérance), car la vie chrétienne est soutenue par des actes de volonté. Un temps suffisant et notre volonté produiront le fruit de l'Esprit. C'est l'hypothèse d'une application individuelle.

---

20. White, *Rethinking the Church* (Redéfinir l'Église), 56.

Enfin, « le mieux accompli seul ». La dernière hypothèse de l'équation de la formation de disciple est l'indépendance, ou qu'une relation personnelle avec Jésus-Christ équivaut à une relation privée.[21]

L'équation est ainsi faite, mais nous nous donnons rarement la peine de demander si ces hypothèses sont valables. Est-ce ainsi que se déroule la vie de disciple ? Commençons-nous automatiquement à grandir dans notre vie spirituelle après le salut ? Lorsqu'une personne devient chrétienne, y a-t-il un changement immédiat et profond de ses habitudes, de ses attitudes et une transformation de son caractère ? Les chrétiens croissent-ils uniquement par le temps et la volonté ? Parce que notre relation avec Dieu est personnelle, est-il préférable que les disciples de Jésus travaillent seuls ? Si ces hypothèses sont correctes, il devrait y avoir de nombreuses preuves de cela dans l'Église. Si elles sont vraies, souligne White, alors le simple fait de résoudre l'équation devrait constamment produire les mêmes résultats : les chrétiens individuels et le corps du Christ devenant de plus en plus semblables à Jésus dans leur façon de penser, de parler et d'agir.[22] Cependant, il y a des raisons importantes pour lesquelles la formule n'est pas tout à fait complète.

Pour commencer, les disciples de Jésus sont à la fois nés et faits. La grâce salvatrice change notre statut relationnel avec Dieu, notre destin éternel, et introduit la puissance et l'œuvre du Saint-Esprit dans nos vies. Toutefois, comme nous le voyons dans les enseignements du Nouveau Testament, les nouveaux chrétiens n'ont pas encore atteint la maturité. Être chrétien ne se traduit pas automatiquement par le fait de devenir comme Christ. Un développement est nécessaire. La

21. L'idée qu'une relation personnelle avec le Christ est synonyme de relation privée avec Jésus est beaucoup plus répandue dans la société occidentale que dans d'autres parties du monde. L'individualisme est considéré comme une vertu culturelle aux États-Unis.

22. White, *Rethinking the Church* (Redéfinir l'Église), 57.

vertu se développe au fil du temps grâce à des pratiques spécifiques.[23]
À la lumière de ces réalités, considérons un cadre plus biblique de la
façon dont la croissance spirituelle s'opère par la grâce sanctificatrice.

**1. La croissance spirituelle peut commencer au moment du sa-
lut, mais nous continuons à grandir dans la grâce tout au long de
notre vie.** Il y a une différence entre la sanctification et l'entière sanctification. Le débat semble toujours être de savoir si la sanctification
est immédiate ou progressive. Y a-t-il un moment critique, ou s'agit-il
d'un processus ? Il s'agit des deux.[24] La grâce sanctificatrice commence
au moment où nous faisons l'expérience de la grâce salvatrice. Les
théologiens l'appellent « sanctification initiale », qui est suivie par
une croissance spirituelle dans la grâce, jusqu'à ce que, dans un moment de pleine consécration et d'abandon total de notre part, Dieu
purifie et nettoie le cœur. Cette expérience est appelée « entière sanctification » ou « perfection chrétienne ».[25] Cependant, même après ce

---

23. N. T. Wright définit le concept chrétien de la vertu comme la transformation du
caractère. Wright, *After You Believe* (Après que vous avez cru) : Why Christian Character Matters (New York : HarperCollins Publishers, 2010). Le chapitre 5, « La grâce qui
soutient », consacrera beaucoup plus de temps à la compréhension de la vertu.

24. Le sujet de l'instantanéité ou de la progression, crise ou processus, dans l'expérience de l'entière sanctification a historiquement été un sujet de grand débat dans les
cercles de la tradition wesleyenne de la sainteté. John Wesley lui-même a constamment
souligné la nécessité des deux, et les premiers dirigeants nazaréens ont généralement pris
soin de suggérer un équilibre. Le Surintendant général R. T. Williams a déclaré ce qui
suit à l'Assemblée générale de 1928 de l'Église du Nazaréen : « L'Église doit mettre l'accent à la fois sur la crise et le processus dans la religion. Pendant de nombreuses années,
ceux qui prônent la sainteté ont eu le sentiment que l'œuvre à laquelle ils étaient appelés
se terminait à l'autel, lorsque les foules qui s'avançaient recevaient la bénédiction de la
régénération et de la sanctification, mais il est devenu évident que notre travail n'a fait
que commencer à ce point. L'Église du Nazaréen combine ces deux grands principes,
à savoir la crise et le processus. Conduire [les gens] vers Dieu et l'édification du corps
du Christ dans le salut initial et le développement du caractère chrétien ». *General As-
sembly Journal* (Journal de l'Assemblée générale), 1928, cité dans Dunning, *Pursuing the
Divine Image* (La quête de l'image divine), Kindle Location 2176, note de bas de page 26.

25. La perfection chrétienne est une expression biblique souvent utilisée dans l'histoire du christianisme. Les pères et les mères de l'Église primitive ont assimilé la perfection à l'idée de *théose*, ou déification : participation à la nature divine. Cependant, le

moment de pleine consécration à Dieu, nous continuons à grandir dans la grâce et ne cessons jamais de grandir tant que nous vivons.

Les Articles de foi pour l'Église du Nazaréen déclarent «Nous croyons qu'il y a une distinction marquée entre un cœur pur et un caractère mature. Le premier est obtenu en un instant, résultat de l'entière sanctification; le second est le résultat de la croissance dans la grâce». Lorsque nous répondons par la foi à la grâce prévenante, nous recevons la grâce salvatrice. Il y a une réorientation radicale de nos priorités, une reconstitution de nos désirs, et la puissance et l'œuvre du Saint-Esprit se libèrent dans nos vies. Plutôt que de nous libérer instantanément de toute habitude néfaste, de tout mauvais caractère ou de toute mauvaise disposition que nous ayons jamais possédés, Dieu continue à travailler en nous afin de nous façonner afin que nous adoptions la forme qu'il veut que nous ayons. L'objectif de tout disciple chrétien est de devenir de plus en plus semblable à Jésus. C'est pour cette raison que Paul explique que, de même que nous ne nous attendons pas à ce que les bébés demeurent des bébés, nous voulons qu'ils grandissent et deviennent des adultes pleinement opérationnels, nous devrions également nous attendre, en tant que chrétiens, à ne pas demeurer des bébés spirituels non plus. La croissance spirituelle commence au moment du salut, mais nous continuons à grandir dans la grâce tout au long de notre vie. Nous devons

---

concept moderne de perfection est compris différemment. Il n'a jamais été enseigné avec précision comme une « perfection sans péché » ou, comme l'écrit Thomas Noble, « l'idée selon laquelle dans cette vie, les chrétiens pouvaient atteindre cet état final et absolu de perfection où ils étaient sans péché et parfaitement saints ». T. A. Noble, *Holy Trinity, Holy People* (Sainte Trinité, Saint Peuple): *The Historic Doctrine of Christian Perfecting* (La doctrine historique du perfectionnement chrétien) (Eugène, OR: Cascade Books, 2013), 22. Pour éviter la confusion de l'interprétation moderne et pour mettre en évidence les aspects dynamiques de la croissance de la grâce, Noble affirme: « Étant donné ce concept dynamique de la perfection du mouvement, plutôt que de l'arrivée finale, il peut être préférable d'exprimer ce sens du mot grec non pas en utilisant le mot « perfection », mais en le traduisant par « perfectionnement ». Ibid., 24.

regarder, agir et penser davantage comme Christ l'année prochaine que cette année, afin de progresser dans la grâce sanctificatrice.

2. La croissance spirituelle ne se limite pas au temps. Soit la plupart de mes amis ne savent pas, soit ils ont oublié, que je sais jouer du piano. Je joue du piano depuis plus de quarante ans. Lorsque j'avais dix ans, je m'entraînais presque tous les jours (avec beaucoup de supervision de la part de ma mère, qui privilégiait la pratique du piano par rapport au football). Maintenant, je joue beaucoup moins souvent, environ une fois par an. Si quelqu'un me demandait depuis combien de temps je joue, je dirais honnêtement quatre décennies, mais le reste de l'histoire est que je n'ai pas passé toutes ces quatre décennies à pratiquer volontairement. Il y a des enfants à l'église qui ne jouent du piano que depuis quelques années et qui peuvent jouer mieux que moi, même si techniquement je joue depuis beaucoup plus longtemps.

Il n'en va pas autrement de notre vie spirituelle. Le simple fait d'être exposé à l'information ne signifie pas que les gens l'assimilent, la comprennent, l'embrassent et la pratiquent. S'il est vrai que la croissance spirituelle prend du temps, il n'est pas vrai que la grâce sanctificatrice est intrinsèquement un produit du temps, ni même une conséquence de l'exposition à la culture chrétienne.[26] Les églises sont bondées de personnes qui ont passé des années à être chrétiennes, mais leur vie ne reflète que très peu l'Esprit de Jésus. Ce sont des personnes hypercritiques, grincheuses, cyniques, négatives et égoïstes. Plusieurs d'entre elles sont comme George d'une de mes anciennes congrégations : elles ne ressemblent pas de plus en plus à Jésus au fil des années. La raison en est très simple.

3. La croissance spirituelle n'est pas tant une question de temps que de coopération avec Dieu et de formation délibérée. L'auteur de

---

26. White, *Rethinking the Church* (Redéfinir l'Église), 59.

l'Épître aux Hébreux dit : « En effet, après tout ce temps, vous devriez être des maîtres dans les choses de Dieu ; or vous avez de nouveau besoin qu'on vous enseigne les rudiments des paroles de Dieu. Vous en êtes venus au point d'avoir besoin, non de nourriture solide, mais de lait. Celui qui continue à se nourrir de lait n'a aucune expérience de la parole qui enseigne ce qu'est la vie juste. Les adultes, quant à eux, prennent de la nourriture solide : par *la pratique, ils ont exercé leurs facultés* à distinguer ce qui est bien de ce qui est mal. C'est pourquoi ne nous attardons pas aux notions élémentaires de l'enseignement relatif à Christ. Tournons-nous plutôt vers ce qui correspond au stade adulte. » (Hébreux 5:12 — 6:1, italiques ajoutées).[27] En nous basant sur la phrase « à cette époque », nous pouvons supposer que cette partie de l'Écriture a été écrite pour des croyants qui étaient chrétiens depuis un certain temps déjà. Au lieu de devenir des enseignants du parcours de la grâce par leurs paroles et leur exemple, ils mangeaient encore des aliments pour bébés. Le parcours pour manger la nourriture des adultes et devenir un chrétien mature passe par une formation à la vertu qui les aiderait à reconnaître la différence entre le bien et le mal et à distinguer le bon du mauvais. Cela va vers la perfection chrétienne, ou une maturité en Christ qui permet aux croyants

---

27. Wesley aimait décrire la sanctification comme la perfection chrétienne, allant même jusqu'à intituler son plus célèbre catéchisme doctrinal *A Plain Account of Christian Perfection* (Un compte rendu clair de la perfection chrétienne). En affirmant que l'expérience de l'amour parfait, ou « Dieu se perfectionnant dans l'amour », peut être réalisée dans cette vie, il souligne : « (1) la perfection existe, car elle est sans cesse mentionnée dans l'Écriture. (2) Elle n'est pas aussi précoce que la justification ; car les personnes justifiées doivent « aller jusqu'à la perfection ». (Heb. 6:1) (3) Elle n'est pas si tardive que la mort ; car saint Paul parle d'hommes vivants qui étaient parfaits. (Philippiens 3.15). » Wesley, *A Plain Account of Christian Perfection* (Un compte rendu clair de la perfection chrétienne, Annoté), eds. Randy L. Maddox et Paul W. Chilcote (Kansas City, MO : Beacon Hill Press de Kansas City, 2015).

repentis de se détourner des œuvres de la chair encore présents dans le cœur.[28]

L'expression « formation par la pratique » dans les écritures hébraïques est intrigante. Elle implique un effort volontaire, et implique que les chrétiens participent à notre propre croissance spirituelle en Christ. D'autres exemples sont nombreux : « Équipez-vous ! Bâtissez votre foi ! Achevez la course ! Préservez votre cœur ! Ce sont tous des mandats bibliques pour découvrir dans le monde ce que Dieu fait en nous. Cette formation est accomplie par des pratiques spécifiques — ou des moyens de grâce — que John Wesley appelait des œuvres de piété et des œuvres de miséricorde.[29] Les œuvres de piété comprennent les moyens de grâce institués tels que la prière, la lecture de la Bible, le jeûne, la sainte cène, le baptême et la communion fraternelle. Les œuvres de miséricorde sont également un moyen de grâce lorsqu'elles sont au service des autres, comme « nourrir les affamés, vêtir ceux qui sont nus, recevoir les étrangers, visiter les prisonniers ou les malades, et instruire les ignorants ».[30] Nous pratiquons les moyens de grâce

---

28. John Wesley, dans un sermon intitulé « La repentance des croyants », a souligné la nécessité permanente de la repentance pour les chrétiens à la quête d'une vie sainte. Dans un document présenté lors d'une conférence sur la sainteté, un de mes professeurs de théologie du séminaire, Rob L. Staples, a déclaré : « La sanctification totale peut être comprise comme un engagement total dans notre destinée de théose [renouvellement à l'image de Dieu] avec une repentance continue et une purification résultant de tout ce qui entrave ou dilue un tel engagement, ou ce que Wesley a appelé « la repentance des croyants » qui, selon lui, est « nécessaire à chaque étape suivante de notre parcours chrétien ». Staples, « Things Shakable and Things Unshakable in Holiness Theology » (Choses ébranlables et inébranlables dans la théologie de la sainteté), Conférence sur la révision de la sainteté, Université Nazaréenne du Nord-Ouest, 9 février 2007.

29. Par « moyens de grâce », j'entends les signes extérieurs, les paroles ou les actions, ordonnés par Dieu et désignés à cette fin, comme étant les voies ordinaires par lesquelles il pourrait transmettre aux hommes, par la grâce prévenante, justifiante ou sanctificatrice. » Wesley, « Sermon 16 : Les moyens de la grâce », II.1, http://wesley.nnu.edu/john-wesley/the-sermons-of-john-wesley-1872-edition/sermon-16-the-means-of-grace/. Les moyens de grâce sont parfois aussi appelés disciplines spirituelles.

30. Joel B. Green et William H. Willimon, eds., Wesley Study Bible New Revised Standard Version (Nashville : Abingdon Press, 2009), 1488, note de bas de page « Going

même lorsque nous les recevons en cadeau ; notre participation est requise.[31]

Néanmoins, nous devons veiller à ne pas confondre participation et contrôle. Nous ne sommes pas aux commandes de notre croissance spirituelle — ni même ne l'initions. Il y a certaines choses qui relèvement de notre capacité d'action. Nous pouvons envoyer un SMS, prendre le bus ou faire des courses. Il y a aussi des choses que nous ne pouvons pas faire. Nous ne pouvons pas changer le temps. Nous ne pouvons pas changer nos gènes. Il y a des choses que nous pouvons contrôler et celles que nous ne pouvons pas — les deux existent.

Mais il existe aussi une troisième catégorie : les choses que nous ne contrôlons pas mais avec lesquelles nous pouvons coopérer. Pensez au sommeil. Si vous avez déjà eu des enfants, vous savez peut-être qu'il faut leur dire de dormir. Parfois, ils vous répondront en vous disant : « Je ne peux pas ! » Ils ont en partie raison. Ils ne peuvent pas dormir d'eux-mêmes de la même façon que vous pouvez passer un coup de fil. En tant que parents, nous assurons à nos enfants qu'ils peuvent faire certaines choses pour favoriser leur endormissement. Ils peuvent se préparer au sommeil. Ils peuvent s'allonger dans leur lit, éteindre les lumières, fermer les yeux, écouter de la musique douce, et le sommeil viendra ! Ils ne peuvent pas le contrôler, mais ils ne sont pas impuissants. Ils peuvent s'ouvrir au sommeil et le laisser venir tranquillement. Il en va de même pour la croissance spirituelle. Nous ne pouvons pas nous sanctifier ni nous rendre semblables à Jésus. Le Saint nous rend saints. Dieu est notre sanctificateur. Cependant, comme pour notre salut, la coopération est nécessaire. Nous ne nous sauvons pas nous-mêmes, mais nous devons dire oui à la grâce salvatrice.

---

on to Perfection » (Poursuivre jusqu'à la perfection).

31. Pour en savoir plus sur les moyens de grâce, voir le chapitre 5, « La grâce qui soutient ».

Dallas Willard, éminent professeur de formation de disciples, a déclaré : « La grâce n'est pas opposée à l'effort ; elle est opposée au salaire ».[32] La grâce est plus que la régénération, la justification et le pardon. La grâce est nécessaire pour tout le parcours du disciple. Malgré cela, le grand danger de notre époque est peut-être de ne pas penser que nous en faisons trop dans notre parcours de disciple, mais de supposer que nous n'avons rien à faire. La passivité peut être aussi dangereuse que le légalisme. Quand Paul demande de nous dépouiller du vieil homme et de revêtir l'homme nouveau, il veut sûrement dire que nous devons le faire avec l'aide de Dieu. Paul est intransigeant sur ce point : « Entraîne-toi plutôt à rester attaché à Dieu. » (1 Timothée 4:7), et encore : « Ne savez-vous pas que, sur un stade, tous les concurrents courent pour gagner et, cependant, un seul remporte le prix ? Courez comme lui, de manière à gagner. » (1 Corinthiens 9:24).

La grâce signifie que Dieu a fait tout ce que nous ne pouvions pas faire pour nous-mêmes, mais cela ne signifie pas que nous devenons maintenant des consommateurs qui ne contribuent en rien à la relation. Cette idée erronée explique l'approche non interventionniste de la formation de la vie de nombreux chrétiens et, par conséquent, le manque de croissance et de maturité spirituelles. Ainsi, Dallas Willard a également déclaré : « Nous savons, comme Jésus l'a dit, que « sans moi, vous ne pouvez rien faire » (Jean 15:5) … mais nous ferions mieux de croire que le revers de ce verset dit : « Si vous ne faites rien, ce sera sans moi ». Et c'est la partie que nous avons le plus de mal à entendre ».[33] Nous œuvrons avec la grâce active de Dieu en réorganisant notre vie autour des activités, des disciplines et des pratiques

---

32. Dallas Willard, *The Great Omission* (La grande Omission) : *Reclaiming Jesus's Essential Teachings on Discipleship* (Réaffirmer les enseignements essentiels de Jésus sur la formation de disciple) (New York : HarperCollins, 2006), 61.

33. Willard, « Formation spirituelle » : Ce que c'est, et comment cela fonctionne, » s.d., http:// www.dwillard.org/articles/individual/spiritual-formation-what-it-is-and-how-it-is-done.

qui ont été modelées par Jésus-Christ. De plus, nous y participons non pas pour gagner notre sanctification mais pour accomplir par la formation ce que nous ne pouvons pas faire en nous contentant de « faire plus d'efforts ».

4. La croissance spirituelle est un effort collectif. Les lecteurs occidentaux ont tendance à être surpris par l'accent communautaire de la description du parcours de la grâce par Paul, bien que de nombreuses cultures non occidentales sachent déjà que nous ne pouvons pas faire ce parcours seul. Relisant son traité théologique de couronnement relatif à l'Église : « C'est de lui [Christ] que le corps tout entier tire sa croissance. Pour s'affermir dans l'amour, sa cohésion et sa forte unité lui venant de toutes les articulations dont il est pourvu, pour assurer l'activité attribuée à chacune de ses parties » (Éphésiens 4:16, italiques ajoutées). Aussi inattendus que ces versets puissent être pour les cultures habituées à s'incliner devant l'autel de l'individualisme, y compris la spiritualité individualiste, Paul est sans équivoque sur le fait que notre vie de disciple n'a jamais été conçue comme un acte solitaire. Chaque « partie » (individu) du corps est importante et a un travail unique à accomplir, mais tout le travail individuel a un objectif combiné déclaré : aider les autres parties à grandir.

C'est une synergie sacrée. Le mot « synergie » vient du grec *synergos*, qui signifie « travailler ensemble ». Il a été dit que le travail de l'ensemble est plus grand que la somme individuelle de ses parties, ou que la combinaison des parties individuelles produit un impact plus grand que celui que l'on pourrait obtenir seul. La synergie est présente dans la nature, les affaires, les sports et les relations familiales. C'est le pouvoir de l'interdépendance, de la réciprocité et de la mutualité.[34]

---

34. Pour en savoir plus sur la compréhension biblique de l'interdépendance, voir l'enseignement de Paul sur le corps de l'homme dans le Nouveau Testament comme métaphore de l'Église (1 Corinthiens 12, Éphésiens 4). Pour en savoir plus sur la mutualité, voir son enseignement sur le mariage chrétien (Éphésiens 5).

Un exemple populaire de mutualité est la relation entre les zèbres et les très petits oiseaux appelés pique-bœufs. Les pique-bœufs mangent les tiques sur le dos des zèbres, ce qui constitue une sorte de lutte contre les parasites ; les pique-bœufs émettent également un sifflement lorsqu'ils sont effrayés, ce qui sert de système d'alarme pour les zèbres lorsque des prédateurs sont à proximité. Les zèbres fournissent de la nourriture en abondance aux oiseaux ; les oiseaux fournissent aux zèbres une bonne hygiène et des soins médicaux. Ces deux animaux sont complètement différents à bien des égards, mais ils ont chacun besoin de l'autre pour se développer.

La synergie est aussi la mesure d'un corps sain, en pleine croissance et rempli d'amour parfait (ce que le grec appelle agapè). La responsabilité, l'encouragement, l'exhortation, la prière d'intercession et le soutien sont impossibles sans l'aide d'autres personnes. Ensemble, nous devenons un peuple saint. C'est en communauté que nous entendons le plus clairement la voix de Dieu. L'amour est superficiel jusqu'à ce qu'il soit vécu dans le contexte de relations réelles. Le parcours de la grâce est un œuvre d'équipe ![35]

Les deux fonctionnent ensemble. Deux équations distinctes pour la croissance dans la formation de disciple.

L'équation populaire :

Salut + Temps + Volonté individuelle = Croissance spirituelle

L'équation de la sainteté :

Grâce + Coopération avec Dieu + Communauté chrétienne = Ressemblance avec le Christ

---

35. White, *Rethinking the Church* (Redéfinir l'Église), 61. Voir également le chapitre 5 et l'accent mis sur la responsabilité chrétienne et la grâce qui soutient.

Les chrétiens sont appelés à grandir dans la grâce, ce qui est une autre façon de dire que nous devons grandir dans la ressemblance à Jésus. Nous recevons la nouvelle vie de Christ afin de pouvoir grandir dans le Christ. Dieu refait et remodèle. C'est la grâce sanctificatrice. Je ne connais personne qui le dise avec plus de créativité que C. S. Lewis :

> Imaginez-vous comme une maison vivante. Dieu vient pour reconstruire cette maison. Au début, peut-être, vous pouvez comprendre ce qu'il fait. Il s'occupe des canalisations et des fuites dans le toit, etc. ; vous saviez que ces travaux étaient nécessaires et vous n'êtes donc pas surpris. Vous saviez que ces travaux étaient nécessaires et vous n'êtes donc pas surpris. Mais aujourd'hui, il commence à démolir la maison d'une manière qui fait horriblement mal et qui ne semble pas avoir de sens. Mon dieu, que manigance-t-il ? L'explication est qu'il construit une maison tout à fait différente de celle à laquelle vous pensiez-il jette une nouvelle aile ici, ajoute un étage supplémentaire là, monte des tours, fait les cours. Vous pensiez que vous alliez devenir une petite maison décente : mais il construit un palais. Il a l'intention de venir y vivre lui-même.[36]

Dieu ne nous sauve pas seulement, mais il nous transforme aussi. Il nous accepte là où nous sommes, mais il nous aime suffisamment pour ne pas nous y laisser. Il repense, refait et remodèle. Lorsque nous nous offrons dans une consécration complète et un abandon total à Dieu le Père, Dieu le Saint-Esprit nettoie et purifie nos cœurs, nous transformant à l'image de Dieu le Fils. Nous devenons semblables à Christ dans nos pensées, nos paroles et nos actes. Notre maison est sous une nouvelle direction.

---

36. C. S. Lewis, *Mere Christianity* (Chrétienté simple) (New York : Touchstone, 1996), 175-76.

« La sainteté signifie qu'aucun aspect de votre vie n'est soustrait du contrôle de Jésus-Christ. »[37] Nous enlevons nos mains du volant et laissons Jésus prendre les commandes et donner les ordres. Nous disons : « Tu as été mon Sauveur (salut) ; maintenant, je fléchis le genou et te fais mon Seigneur (sanctification) ». Nous sommes mis à part pour un but saint, et l'amour parfait de Dieu commence à se manifester à travers nous. Nous commençons à aimer vraiment Dieu de tout notre cœur, de toute notre pensée et de toute notre force, et notre prochain comme nous-mêmes.

Définition de l'entière sanctification

Quelques derniers mots sur ce que l'on entend par entière sanctification. Le mot « entière » ne se réfère pas à une œuvre achevée de Dieu en nous, mais dans un sens très réel, c'est la totalité. Dieu œuvre continuellement en nous et sur nous, donc dans ce sens, le chef-d'œuvre de notre vie est en cours jusqu'à la résurrection finale de toutes choses, y compris notre glorification.[38] Nous sommes entiers et aussi « totalement achevés » par la grâce sanctificatrice que nous pouvons l'être à ce moment-là. Nos vies sont marquées par la splendeur exquise de shalom. Shalom est ce que Dieu conçoit dans la création et façonne dans nos vies. Shalom signifie certainement la paix, mais

---

37. J'ai entendu pour la première fois Dennis Kinlaw utiliser cette phrase dans un sermon à la chapelle du séminaire en 1991. C'est aussi la première fois que je me souviens avoir compris que le contrôle de Dieu sur ma vie n'était pas un désir de manipulation de la part de Dieu, mais un désir d'intimité. À mon avis, Kinlaw était l'un des meilleurs prédicateurs sur la sainteté de la fin du XXe siècle et du début du XXIe siècle, jusqu'à sa mort en 2017.

38. « Glorification » désigne l'état d'un croyant après la mort et la résurrection finale de toutes choses. « Par la grâce de Dieu, nous serons finalement glorifiés — ressuscités avec le Christ lorsqu'il reviendra, et transformés à son entière ressemblance, pour jouir de Sa gloire pour toujours ». Greathouse et Dunning, An *Introduction to Wesleyan Theology* (Introduction à la théologie wesleyenne), 54.

En outre, Diane LeClerc parle de glorification comme d'une sanctification finale en ce sens « qu'une personne est retirée de la présence même du péché ». LeClerc, *Discovering Christian Holiness* (Découvrir la sainteté chrétienne), 318.

il signifie aussi la plénitude, la totalité, l'unité, et chaque partie œuvre en harmonie avec le but (telos) pour lequel nous avons été créés.

L'entière sanctification, comme nous l'avons déjà dit, est une vie de renoncement persistant à l'existence égocentrique (la chair) et de soumission continuelle d'une obéissance non résistante aux voies et à la volonté de Dieu. Comme l'a dit Jésus avec beaucoup de précision : « Si quelqu'un veut me suivre, qu'il renonce à lui-même, qu'il se charge chaque jour de sa croix, et qu'il me suive. » (Luc 9:23).[39] Le résultat d'une telle vie centrée sur la croix est la ressemblance à Christ, qui se manifeste par un amour parfait pour Dieu et le prochain.

Le dixième article de foi pour l'Église du Nazaréen articule ainsi la sanctification :

Nous croyons que l'entière sanctification est l'acte de Dieu, suivant la régénération, par lequel les croyants sont libérés du péché originel ou dépravation et sont amenés à un état d'entière consécration à Dieu et à la sainte obéissance de l'amour rendu parfait.

Elle est accomplie par le baptême ou effusion du Saint-Esprit, et intègre dans une seule expérience la purification du cœur de tout péché ainsi que la présence constante et intime du Saint-Esprit, fortifiant le croyant pour la vie et le service.

L'entière sanctification est rendue possible par le sang de Jésus. Elle est réalisée instantanément par la grâce au moyen de

---

39. En référence à l'idée selon laquelle l'entière sanctification implique une vie de renoncement à soi-même (chair) et le fait de se charger de sa croix, « J. O. McClurkan, dirigeant de l'une des branches sud du premier Mouvement de Sainteté, a fait référence à ce dernier aspect de la vie sanctifiée comme étant « une mort plus profonde en soi-même », qui en réalité devrait se produire tout au long de la vie chrétienne. À partir de l'expérience, il a reconnu que toute la vie ne pouvait pas être réduite à un seul moment d'expérience. » Dunning, *Pursuing the Divine Image* (La quête de l'image divine), Kindle Location 853. Pour plus de détails sur ce sujet, voir William J. Strickland et H. Ray Dunning, J. O. McClurkan : *His Life, His Theology, and Selections from His Writings* (Sa vie, sa théologie et des extraits de ses écrits) (Nashville : Trevecca Press, 1998).

la foi, précédée par l'entière consécration. Le Saint-Esprit rend témoignage de cette œuvre et de cet état de grâce.

Cette expérience est exprimée par différents termes qui illustrent ses diverses phases, tels que : perfection chrétienne, amour parfait, pureté du cœur, baptême ou effusion du Saint-Esprit, plénitude de la bénédiction, et sainteté chrétienne.

Nous croyons qu'il y a une nette distinction entre un cœur pur et un caractère mature. Le premier s'obtient instantanément, résultat de l'entière sanctification ; quant au second, il résulte de la croissance dans la grâce.

Nous croyons que le don de l'entière sanctification inclut l'impulsion divine de croître dans la grâce en tant que disciple à l'image de Christ. Cependant, cette impulsion doit être consciencieusement nourrie, et il faut donner une attention soigneuse aux conditions requises et aux processus de développement spirituel et d'amélioration du caractère et de la personnalité à l'image de Christ. Cela requiert un effort soutenu sans lequel le témoignage peut être affaibli, et la grâce contrariée et finalement perdue.

En participant aux moyens de grâce, en particulier à la communion, à la discipline et aux sacrements de l'église, les croyants grandissent dans la grâce et dans l'amour sans réserve envers Dieu et le prochain.[40]

Nous devons terminer notre discussion sur la grâce sanctificatrice, par une simple question : À quelle fin ? Pourquoi la sainteté souhaitée est-elle nécessaire ? Quelles seront les preuves d'une vie marquée par une telle ressemblance à Christ ?

Nous revenons à l'amour parfait. L'entière sanctification n'est pas le sommet de la morale. C'est la forme la plus élevée de l'amour du don de soi. L'entière sanctification est l'amour saint rendu complet

---

40. Église du Nazaréen, *Manuel* : 2017-2021, « X. Sainteté chrétienne et entière sanctification » (Kansas City, MO : Maison d'édition du Nazaréen, 2017), 31-32.

en nous. Nous savons que Wesley a défini l'entière sanctification comme l'amour parfait. C'était le contenu singulier de son enseignement sur la sainteté. Mildred Bangs Wynkoop fait valoir ce point, en affirmant « les discussions de Wesley sur n'importe quel segment de la vérité chrétienne l'ont rapidement conduit à l'amour. « Dieu est amour. Chaque aspect de l'expiation est une expression de l'amour ; la sainteté est l'amour ; la signification de la « religion » est l'amour. La perfection chrétienne est la perfection de l'amour. Chaque pas de Dieu vers l'homme, et la réponse de l'homme, pas à pas, est un aspect de l'amour ».[41] Pour bien faire comprendre ce point, Wynkoop ajoute : « Dire que la sainteté chrétienne est notre raison d'être, c'est dire que nous sommes engagés dans tout ce qu'est l'amour, et c'est un grand ordre, en effet ».[42]

En définitive, l'amour est le cœur de la question. Tout ce qui n'est pas de l'amour n'atteint pas la note élevée fixée pour la « raison d'être » d'une vie sainte. Toute compréhension de L'entière sanctification dépourvue d'amour est dure, légaliste, critique et impie. Agapè (l'amour chrétien) est l'amour qui maintient tous les autres amours naturels dans leur bon ordre.[43] Agapè guide, interprète et contrôle tous les autres désirs. Parce que nous sommes encouragés à faire grandir notre

---

41. Mildred Bangs Wynkoop, A *Theology of Love* (Une théologie de l'amour) : *The Dynamic of Wesleyanism* (La dynamique du wesleyanisme) (Kansas City, MO : Beacon Hill Press of Kansas City, 1972), 36.

42. Wynkoop, A *Theology of Love* (Une théologie de l'amour), 36.

43. Pour une synthèse très éclairante des quatre termes grecs pour l'amour — *Eros, Storge, Philia* et *Agape* — je recommande vivement la courte exégèse de Wynkoop sous le titre « Amour et amitié ». Elle soutient que tous les amours, sauf l'amour *agapè*, sont des amours naturels, qui ne demandent que peu d'efforts. L'amour *Agapè* n'est pas seulement une dimension différente de l'amour, mais c'est aussi une qualité par laquelle on ordonne la vie, rendue possible uniquement par la plénitude du Christ. « L'amour que nous appelons amour chrétien n'est donc pas un substitut aux autres amours, ni un ajout à ces amours, mais c'est une qualité de la personne entière, car elle est centrée sur Christ. L'auto-orientation déformée, qui fait défaut à toutes les autres relations parce qu'elle les utilise à leur avantage personnel (souvent de la manière la plus subtile et la plus sournoise), atteint la plénitude par la présence permanente du Saint-Esprit. Dans cette

amour agapè, nous comprenons qu'il est donné et renforcé ; c'est à la fois un don et il grandit en nous par la présence permanente du Saint-Esprit. Un effort est nécessaire, mais la grâce est fournie.

Nous sommes attirés par le saint amour par la recherche de la grâce (prévenante). Nous sommes attirés par l'amour saint et par la grâce salvatrice. Nous sommes purifiés et mis à part par le saint amour par la grâce sanctificatrice. Nous grandissons dans la grâce comme nous abondons dans l'amour saint. C'est ainsi que nous faisons l'expérience de la plénitude de la vie en Christ

relation, toutes les autres relations de la vie sont améliorées, embellies et sanctifiées ». Wynkoop, *A Theology of Love* (Une théologie de l'amour), 38.

5
LA GRÂCE QUI NOUS SOUTIENT

À celui qui peut vous garder de toute chute et vous faire paraître en sa présence glorieuse, sans reproche et exultant de joie, au Dieu unique qui nous a sauvés par Jésus-Christ notre Seigneur, à lui appartiennent la gloire et la majesté, la force et l'autorité, depuis toujours, maintenant et durant toute l'éternité ! Amen !
— Jude 1.24–25

Il arrive un moment dans la vie de tout chrétien où quelque chose commence à poindre. Cela peut se produire aussitôt, ou un peu plus tard dans le parcours de grâce : *certains aspects de ma vie ne sont pas encore soumis à Christ. Il y a des pièces dans ma maison en cours de rénovation* (pour utiliser l'illustration de C. S. Lewis) *qui restent fermées à l'œuvre de Dieu.*

Parce que Dieu est implacablement résolu à nous voir saints, à nous rendre de plus en plus semblables à Jésus, le Saint-Esprit sonde notre être : « Est-il tout entier à moi ? Est-ce que chaque partie de toi m'appartient ? Y a-t-il un aspect quelconque de ta personne que tu gardes pour toi ? »

Notre première réponse serait peut-être : « Je peux tout te donner sauf (complétez l'espace). Je t'ai donné 99 % de mon être. N'y a-t-il rien que je puisse garder pour moi-même? T'attends-tu à *tout* avoir?»[1]

Avec un amour patient et un dévouement indéfectible pour atteindre la plénitude (*telos*) de notre vie de disciple, l'Esprit de Jésus murmure : «Oui, ton *tout*. Cent pour cent. Sans réserve. »

Être tout entier ou tout entière à Dieu, c'est jouir de la plénitude de la vie promise par Dieu. Plus nous nous abandonnons à Dieu, plus la paix et la joie nous submergent. Oswald Chambers croit que la vie éternelle n'est pas un don de Dieu, mais c'est Dieu qui se donne à nous. De même, la puissance spirituelle promise par Jésus à ses disciples après sa résurrection et avant la Pentecôte n'est pas un don que le Saint-Esprit accorderait, mais c'est le Saint-Esprit lui-même (Actes 1.8). Il en résulte une provision inépuisable de vie abondante qui augmente chaque fois que nous nous abandonnons à Dieu. Là encore, la perspicacité de Chambers est édifiante : «Même le saint le plus faible peut faire l'expérience de la puissance de la déité du Fils de Dieu, lorsque ce dernier est disposé à 'lâcher prise' ». Mais chaque fois que nous nous 'accrocherons' à ne serait-ce qu'un infime pouvoir que nous semblons avoir, cela diminuera la vie de Jésus en nous. Nous devons continuer à lâcher prise, et lentement, mais sûrement, la plénitude de la vie de Dieu nous envahira, pénétrant chaque aspect de notre vie ».[2]

Le cœur humain est le siège du péché et de la désobéissance, mais c'est également le siège de la grâce et de la sainteté. Dans la grâce qui nous cherche, Dieu courtise notre cœur ; dans la grâce qui nous sauve, Dieu capture notre cœur ; dans la grâce qui nous sanctifie, Dieu

---

1. « Gardez-vous de jamais penser : 'Oh, cet aspect de ma vie n'a pas grande importance !' » Le fait qu'elle n'ait pas beaucoup d'importance pour vous peut signifier qu'elle compte énormément pour Dieu. Un enfant de Dieu ne doit rien considérer comme insignifiant. Il n'y a rien dans notre vie qui ait un caractère insignifiant pour Dieu. » Chambers, *My Utmost for His Highest* (*Mon lieu suprême à Sa majesté*), 76-77.

2. Chambers, *My Utmost for His Highest* (*Mon lieu suprême à sa majesté*), 74-75.

purifie notre cœur. Notre prédisposition passe du cœur d'un serviteur au cœur d'un enfant. » Nous découvrons que nous ne servons plus Dieu par peur de la conséquence de notre désobéissance ; mais parce que nous avons reçu un cœur d'amour qui nous prédestine à obéir. Mais ne vous y trompez pas : la réclamation de Christ tout au long du parcours de grâce concerne rien moins que notre tout — entier, complet, total.

La sainteté signifie être mis à part dans un but saint et être débordant de l'Esprit de Jésus au point où notre mentalité, nos motifs et nos attitudes deviennent semblables à ceux de Christ. Nous nous renions nous-mêmes, ce qui signifie que nous renonçons à notre droit à « moi ». Nous portons notre croix, ce qui signifie que nous transférons nos droits à Jésus. Voici le paradoxe surprenant : en renonçant à notre droit à « moi » et en transférant nos droits à Jésus, nous trouvons la vie. Lorsque nous perdons notre vie en Christ, nous la retrouvons. Ce que nous refusons de céder à Dieu est finalement perdu ; ce que nous lui cédons ne peut être pris. « Car vous êtes morts, et votre vie est cachée avec le Christ en Dieu. » (Colossiens 3.3). La consécration est totale.

Notre consécration à Dieu n'est pas la source de notre sanctification. Nous ne pouvons pas nous sanctifier nous-mêmes, nous ne nous rendons pas saints nous-mêmes. C'est l'Esprit de Jésus qui le fait. Il ne suffit pas de vouloir être comme Jésus. Le désir ne suffit pas, et l'imitation ne suffira pas à elle seule. Nous devons avoir l'Esprit de Jésus en nous, ou comme Paul l'affirme, le Christ doit être formé en vous (Galates 4.19).

À bien des égards, du temps de Jésus, les pharisiens étaient les meilleurs individus qui soient. C'étaient des personnes morales, pures et bonnes. Néanmoins, leur bonté était liée au changement de comportement et à leurs efforts de sainteté, par le biais d'un système de gestion du péché qui n'engageait jamais leurs cœurs. Ils voulaient être pieux et mener une vie pure, mais leur abnégation s'est avérée relever de l'égoïsme et leur pratique du port de la croix les rendait moins aimants. Chassez le naturel, il reviendra au galop. Comme nous le mentionnions déjà, ce qui est dans notre cœur finira par se révéler au grand jour. Le chrétien pharisien, qui essaie de mener une vie sainte par l'effort personnel et la chair, ne parviendra jamais à l'amour parfait parce qu'il ne suffit pas de vouloir être semblable à Jésus. L'Esprit de Jésus doit nous habiter. C'est la clé de la sainteté du cœur. La grâce est nécessaire pour habiliter, rendre capable et mener une vie sainte.

Dallas Willard explique que la vie sainte requiert en réalité plus de grâce que toute tentative d'imiter Jésus par ses propres moyens : « Si vous voulez vraiment consommer la grâce, il vous suffit de mener une vie sainte. Le vrai saint brûle la grâce comme un Boeing 747 brûle du carburant au décollage. Devenez le genre de personne qui fait couramment ce que Jésus a fait et dit. Vous consommerez beaucoup plus de grâce en menant une vie sainte que vous ne le ferez en péchant, car chaque acte saint que vous accomplirez devra être soutenu par la grâce de Dieu. Et ce soutien relève exclusivement de la faveur imméritée de Dieu. »[3] Nous devons bénéficier du soutien permanent de la grâce de Dieu qui nous soutient, la grâce qui nous préserve de la chute (Jude 1.24).

Cela étant dit, la grâce qui soutient n'exclut pas notre participation. Au chapitre 4, nous avons vu que la grâce a trait à tout ce que Dieu a fait et que nous n'étions capables de faire pour nous-mêmes, mais cela ne veut pas du tout dire que nous devenons à présent des « consommateurs de grâce » qui ne contribuent en rien à la relation. Nous tirons parti de la grâce active de Dieu pour organiser notre vie autour des activités, des disciplines et des pratiques dont Jésus a été le précurseur. Nous le faisons non pas pour gagner notre sanctification,

---

3. Willard, *The Great Omission* (*La Grande Omission*), 62.

mais pour accomplir, par l'exercice, ce que nous ne pouvons pas faire en nous évertuant davantage.

La justice impartie

Le fait d'établir brièvement la différence entre justice imputée et justice impartie peut s'avérer adéquat. Selon Diane LeClerc, la justice imputée est « la justice de Jésus attribuée au chrétien, qui lui permet par conséquent d'être justifié. Dieu voit la personne à travers la justice de Christ. Cependant, elle n'a rien à voir avec la transformation intérieure et la purification de l'individu par Dieu ». La justice impartie, en revanche, est « un don bienveillant de Dieu accordé au moment de la nouvelle naissance d'un individu. À ce moment-là, Dieu commence déjà notre processus de sanctification. »[4]

La différence entre les deux n'est pas aussi subtile que vous pouvez le penser. Tandis que la première est une justice créditée — appliquée, pour ainsi dire ; la deuxième est une justice accordée qui demeure. La justice impartie peut être comprise comme étant le don de Dieu qui rend capable et habilite un disciple de Christ à s'efforcer d'atteindre la sainteté, la sanctification et l'amour parfait. Timothy Tennent établit une différence plus nette : « En tant que chrétiens, nous savons que Dieu prend les pécheurs et les revêt de la justice de Christ (imputée). Dieu accomplit ensuite en nous toute bonne œuvre, de sorte que la justice qui nous était autrefois simplement imputée nous est transmise en temps réel, de façon sans cesse croissante. »[5]

---

4. LeClerc, *Discovering Christian Holiness (La découverte de la sainteté chrétienne)*, 312. C'est pour cette raison que John Wesley a défini la nouvelle naissance comme étant une première sanctification. Sans nier l'autre, la tradition réformée tend à mettre l'accent sur la justice imputée, tandis que la théologie de la sainteté de Wesley met l'accent sur la justice impartie.

5. Timothy Tennent, "Living in a Righteousness Orientation : Psalm 26" Seedbed Daily Text, 1er septembre 2019, https://www.seedbed.com/living-in-a-righteousness-orientation-psalm-26/. Tennent ajoute : « Ce n'est que dans la nouvelle création que cela devient pleinement complet, mais la sanctification est l'appel de chaque croyant à être

Le caractère optimiste de la grâce

C'est grâce à la justice impartie que John Wesley s'est montré si optimiste quant à la possibilité de se voir transformé(e). Reconnaissant pleinement la dévastation qu'a causé le péché originel, Wesley n'était pas optimiste quant à la nature humaine. Cependant, il était entièrement convaincu que la grâce de Dieu avait la capacité de transformer une vie en partant de la vie intérieure.

J'ai entendu un jour mon ami Wesley Tracy y faire référence comme à « l'optimisme radical de la grâce ». Pour illustrer son propos, il m'a conté une histoire : Imaginez qu'une petite fille entre et se dirige vers le fond de l'église. Elle a entre onze et douze ans. Ses vêtements sont sales et mal entretenus, ses cheveux sont fins et emmêlés. Elle sent le moisi, comme si elle n'avait pas pris un vrai bain depuis quelques jours. Vous visualisez un peu le tableau. Sa scolarité est en berne. Elle prend du retard dans ses cours et ne réussit pas à passer les examens. Vous êtes quasi-certain que le problème ne réside pas dans son intellect, mais c'était de toute évidence lié à ce qui se passait chez elle. Elle ne connaît pas son père biologique et sa mère a ramené plusieurs amants à la maison. Des rumeurs de maltraitance circulent, et les ecchymoses sur ses bras semblent le confirmer.

Tracy a alors déclaré : « Un comportementaliste regarderait cette jeune fille et dirait : « Elle est marquée et traumatisée à vie. On peut récupérer certaines choses, mais elle sera infirme toute sa vie et elle ne sera jamais tout ce qu'elle aurait pu être si son environnement avait été différent ». Ça, c'est ce que dirait un comportementaliste. » Mais, Tracy poursuit en disant : « Savez-vous ce que dirait une personne qui croit en l'optimisme radical de la grâce ? Peu importe ce qu'elle a subi ou ce qu'elle s'est infligé, l'Évangile reste une source d'espoir

---

mis à part comme saint, afin que tout cœur, nous puissions louer le Seigneur « au sein de l'assemblée ». (Psaume 26.12)

pour cette jeune fille. Dieu peut utiliser ce qu'elle est aujourd'hui pour en faire ce qu'il veut qu'elle soit. » Ou, comme Wesley pourrait le dire : « Montrez-moi le plus vilain des misérables de tout Londres, et je vous montrerai quelqu'un sur qui repose la plénitude de la grâce des apôtres. »

Selon cette vision optimisme, notre condition de pécheur compte, certes, mais le pouvoir de la grâce compte encore plus : ce pouvoir de retirer quiconque de n'importe quel gâchis et d'en faire absolument tout ce que Dieu veut qu'il ou elle soit.[6] La douleur la plus éprouvante, la souffrance la plus cuisante, la blessure la plus profonde, le péché le plus affreux ne sauraient suffire à empêcher la grâce de Dieu de transformer, de guérir et de restaurer parfaitement la personne qui en a été victime.

Pardon et puissance

Parcours de grâce vise la transformation de toute la personne. La justice est impartie, la sainteté est accordée. Il ne s'agit pas de « faire plus d'efforts » ou de « se ressaisir », mais d'un véritable changement qui induit une vie plus responsable. En d'autres termes, la grâce de Dieu est nécessaire pour bénéficier du pardon et revêtir la puissance. Nous avons besoin du pardon de nos péchés (pardon), et nous avons besoin de force (puissance) pour vivre une vie qui honore Dieu. L'un sans l'autre mène à de dangereux extrêmes. Si nous disons : « Dieu nous pardonnera, mais il ne se soucie pas vraiment de la façon dont nous vivons nos vies imparfaites car, après tout, elle est entièrement couverte par la grâce », alors, le danger de l'antinomisme nous guette. À l'inverse, si nous prétendons que la grâce n'est nécessaire que pour pardonner nos péchés mais qu'il nous appartient ensuite de continuer

---

6. « Comme dirait Wesley, nier un tel optimisme rendrait le pouvoir du péché plus grand que celui de la grâce, une option qui devrait être impensable pour une théologie de la sainteté wesleyenne. » LeClerc, *Discovering Christian Holiness (La découverte de la sainteté chrétienne)*, 27.

à partir de là, nous risquons de tomber sous le coup du légalisme. Ces deux extrêmes sont dangereux et constituent des obstacles sur le parcours de grâce. L'apôtre Paul attire l'attention sur ces deux extrêmes lorsqu'il dit : « faites donc fructifier votre salut, avec crainte et respect, non seulement quand je suis présent, mais bien plus maintenant que je suis absent. Car c'est Dieu lui-même qui agit en vous, pour produire à la fois le vouloir et le faire conformément à son projet plein d'amour. » (Philippiens 2.12-13). Qui est responsable de notre croissance spirituelle ? Est-ce nous, ou Dieu ? Pour Paul, c'est à la fois nous et Dieu, et ce n'est pas une contradiction.

Considérons l'extrême du légalisme. Le légalisme, dans sa définition théologique la plus stricte, est l'idée surestimée selon laquelle l'obéissance à des règles, à des règlements et à des codes de conduite particuliers contribue au salut. Concrètement, le légalisme dit que nous savons que Dieu a pourvu à notre salut par la croix de Jésus, mais que cela ne se réalise jamais dans notre vie, à moins que nous priions beaucoup, lisions notre Bible tous les jours et prenions soin d'éviter certaines personnes et certains endroits. Au fond, le légalisme consiste à essayer de faire pour nous-mêmes ce que seul Dieu peut faire. La fin d'une personne déterminée à respecter les règles est une vie remplie de culpabilité, de peur, de frustration et d'insécurité, jouissant de très peu de grâce, de paix ou d'assurance. C'est un discipulat sans grâce et, poussé à l'extrême, il devient une forme insaisissable d'humanisme moralisateur doublé d'un air de supériorité. Les légalistes sont très exigeants envers eux-mêmes, et encore plus élevés aux autres, ce qui est peu attrayant et repousse de l'église ceux qui se sentent marginalisés.

L'antinomisme est l'opposé du légalisme. L'antinomisme est un terme technique qui dérive de deux mots grecs : *anti*, qui signifie « contre », et *nomos*, qui signifie « loi ». Combiné, il traduit l'idée d'anarchie. S'il est vrai — et nous avons passé beaucoup de temps à argumenter sur ce point — qu'un chrétien est sauvé par la grâce seule et non par les bonnes œuvres ou ses propres actions, cette vérité ne nous dispense pas des obligations morales et spirituelles. Concrètement, l'antinomien dit : « Puisque la grâce abonde, pourquoi ne pas pécher plus pour recevoir encore plus de grâce ? Parce que je suis couvert par la grâce, je ne suis pas obligé d'obéir à une quelconque norme éthique ou morale. J'ai été libéré du poids de la responsabilité. L'amour couvre tout. » Aussi illogique (et peu praticable) que cela puisse paraître, c'est la mentalité de certains chrétiens. « Ne me demandez aucun engagement sérieux ni aucun sacrifice de soi. J'en ai fini de faire peser un lourd fardeau spirituel sur les épaules de quiconque, car cela ne fait qu'engendrer une culpabilité et un légalisme obsolètes. Je suis dans la grâce. »[7] Notamment, bien que John Wesley ne soit pas juriste, il pensait que la pensée antinomique était un danger encore plus grand que le légalisme et considérait l'antinomie comme la pire de toutes les hérésies, parce qu'elle dévalorisait l'amour parfait. L'amour sans la sainteté, est permissif ; la sainteté sans l'amour est rigide.

En 1751, John Wesley a adressé une lettre à un ami, que la plupart des gens croient être une réponse aux accusations selon lesquelles sa prédication était soit trop légaliste, soit trop permissive (antinomie). Sa réponse fut instructive : « Je ne conseillerais pas plus de prêcher la loi sans l'Évangile que l'Évangile sans la loi. Sans aucun doute, les deux doivent être prêchés chacun à leur tour ; oui, les deux à la fois, ou les deux en un. » Wesley résume ce qu'il entend par « les deux en un » mis en tension : « Dieu vous aime ; par conséquent, aimez-le et

---

7. Dans un entretien avec Cliff Sanders, spécialiste de Wesley, sur le légalisme et l'antinomisme, Sanders a fait une remarque intéressante : « Il y a cinquante ans, le légalisme était considéré comme étant le défi le plus élevé pour les églises évangéliques. Aujourd'hui, c'est plutôt l'antinomisme, qui se révèle comme la lutte particulière de nombreux jeunes adultes qui ont été élevés dans l'église et qui veulent quitter le saint par amour. »

obéissez-lui. Le Christ est mort pour vous ; mourez donc au péché. Le Christ est ressuscité ; par conséquent, ressuscitez à l'image de Dieu. Le Christ vit pour toujours ; vivez donc pour Dieu jusqu'à ce que vous viviez avec lui dans la gloire. ... C'est la voie biblique, la voie méthodiste, la voie véritable. Que Dieu nous accorde la grâce de ne jamais en dévier, ni à droite, ni à gauche.[8]

Alors, lequel est-ce ? Notre salut et notre croissance spirituelle relèvent-ils du travail de Dieu ou du nôtre ? Paul le dit clairement : il ne s'agit pas de « soit ... soit » mais de « l'un et l'autre ». L'histoire du salut est l'œuvre complète de Dieu. Nous sommes recherchés, sauvés, sanctifiés et soutenus par la grâce de Dieu. Toutefois, il nous est recommandé, encore et encore, de faire tous les efforts pour participer à l'œuvre du Saint-Esprit dans nos vies (Luc 13.24 ; Philippiens 2.12-13 ; 2 Timothée 2.15 ; Hébreux 12.14 ; 2 Pierre 1.5-7 ; 3.13-34).[9]

La grâce sert à la fois au pardon et à la puissance. C'est ainsi que la grâce qui soutient contribue à notre discipulat dans le partenariat entre Dieu et l'homme. Dieu initie, nous répondons. Dieu appelle, nous écoutons. Dieu guide, nous obéissons. Dieu habilite, nous travaillons. « Car premièrement, Dieu travaille ; ainsi, nous pouvons travailler », a dit Wesley. « Deuxièmement, Dieu travaille ; par conséquent nous devons travailler. »[10]

L'indispensable libre arbitre

Le sujet de ce chapitre est la grâce qui nous soutient, c'est-à-dire la grâce qui nous permet de faire ce que Dieu nous appelle à faire et de vivre une vie sainte. Le livre de Jude, dans le Nouveau Testament,

---

8. John Wesley, « Letter on Preaching Christ », *Les œuvres du Rev. John Wesley*, Volume 6.

9. Voir l'accent mis au chapitre 2 sur « manifester aux yeux du monde l'œuvre de Dieu en nous ».

10. John Wesley, « Sermon 85 : Sur travailler à notre propre salut », 3.2, http:// wesley.nnu.edu/john-wesley/the-sermons-of-john-wesley-1872-edition/sermon-85-onworking-out-notre- propre-salvation

fait référence à cette grâce, dans la bénédiction, comme étant la puissance de Dieu qui nous empêche de tomber et nous rend irréprochables devant lui au dernier jour. Une telle déclaration communique une vérité très importante sur notre condition de disciple : nous pouvons être privés de la grâce. Cependant, la grâce de Dieu qui nous soutient nous en préserve.

Il fut un temps où, quelques prédicateurs de la sainteté, dotés de bonnes intentions, disaient que une fois qu'une personne était sanctifiée, elle ne pécherait plus jamais. Cette proclamation a suscité beaucoup de confusion et provoqué de la consternation parmi les chrétiens sincères qui étaient tout entiers dans leur marche avec Christ, et qui ont découvert que non seulement il était possible de trébucher et de tomber, mais que cela se faisait avec une certaine fréquence, surtout à la lumière de messages qui leur disaient que l'entière sanctification remédierait au problème. Ce n'est tout simplement pas le cas, la raison en est que notre libre arbitre n'est jamais soustrait de l'équation. Le libre arbitre fait toujours partie de la vie d'un croyant parce que ce dernier est l'indispensable élément d'une relation. L'amour est relationnel, et le choix est une composante nécessaire de toute relation saine. En fait, l'image de Dieu est gravée en nous, et ce qui est restauré dans la plénitude de Christ est la capacité d'avoir des relations saintes et aimantes.

Le récit de la création dans la Genèse nous éclaire à cet effet. Un Dieu souverain appelle l'univers à l'existence avec à peine plus d'efforts que des paroles prononcées : « Qu'il y ait ... ». Le règne de Dieu est absolu et sa domination inégalée, mais, étonnamment, la liberté humaine est entremêlée dans la substance de la création. Étant donné le pouvoir inégalé de Dieu de créer et de maintenir, cette liberté est inattendue car, comme nous l'apprenons plus tard, les choix distincts des êtres humains sont non seulement permis, mais ils ont aussi le potentiel d'aider ou de nuire à l'épanouissement du monde bon de

Dieu. Le Tout-Puissant permet que nos choix aient une certaine incidence ; et ce n'est pas sans risque !

Dans le premier paradis, le Seigneur Dieu a ordonné à l'homme : « Mange librement des fruits de tous les arbres du jardin, sauf du fruit de l'arbre du choix entre le bien et le mal. De celui-là, n'en mange pas, car le jour où tu en mangeras, tu mourras. » (Genèse 2.16-17). Le pouvoir de choisir était inclus dans l'ordre. De prime abord, on pourrait penser que c'est injuste de la part de Dieu. Pourquoi Dieu donnerait-il un commandement, lorsqu'on sait que sitôt qu'une interdiction est donnée, toute la pensée va uniquement dans cette direction ? Était-ce une tentation organisée ? Pas du tout ! Dieu ne les a pas tentés. Le choix leur a été donné. Ce n'est pas la même chose. La reconnaissance du libre arbitre (ou de la volonté libre) est incluse dans l'ordre.[11] Pour que l'amour existe dans une relation, il faut qu'il y ait le libre arbitre.

Si ma femme était forcée de m'aimer et n'avait pas le choix sur la question, nous aurions certes une relation, plus ou moins, mais ce ne serait pas un mariage. Pourquoi ? Parce que, si elle était sous mon emprise complète, cela deviendrait autre chose que de l'amour. Elle deviendrait un automate, un robot qui ne pourrait pas agir volontairement d'une autre manière. La seule façon de partager un mariage sain est de nous donner à tous les deux le choix d'aimer l'autre. C'est là que réside le risque inhérent à l'amour : elle pourrait choisir de ne pas m'aimer.

Lorsque Dieu a créé les êtres humains, il les a placés dans un beau jardin riche en vie et en bonté. C'était une pure grâce en ce sens

---

11. Mildred Bangs Wynkoop nous rappelle que John Wesley a mis un accent particulier sur la libre grâce plutôt que sur le libre arbitre. C'est pourquoi, dans la tradition wesleyenne, il serait plus exact de parler de « libre volonté », qui fait référence à la volonté responsabilisée et libérée par le Saint-Esprit, et qui permette à une personne de confesser activement sa foi en Jésus-Christ. Du début à la fin, le salut est l'œuvre de Dieu, par la grâce seule. Wynkoop, *Fondations de la théologie wesleyano-arménienne*, 69.

qu'elle a été initiée et pourvue par Dieu sans aucune contribution de leur part. Cependant, Dieu n'a pas fait d'eux des robots contraints de faire sa volonté. Ils pouvaient choisir entre le bien et le mal. Ils avaient le choix d'aimer Dieu ou non. C'était presque comme si Dieu disait : « Faites cette seule chose parce que je suis Dieu. Votre obéissance est un choix. Je veux que cette relation soit basée sur l'amour et non sur l'autorité. » Dieu nous donne un libre arbitre non pas parce qu'il veut nous tenter, mais parce qu'il veut nous donner la possibilité de le choisir en retour. C'est alors que l'on pourrait parler d'une relation volontaire enracinée dans l'amour.

Soren Kierkegaard pensait qu'une volonté livrée était le signe d'un cœur devenu pur : « La pureté du cœur, c'est vouloir une seule chose. » Le contraire d'un cœur pur est un cœur partagé, qui se reflète également dans la volonté. La réponse à la question de savoir si la personne entièrement sanctifiée peut à nouveau pécher est oui. Il est possible d'être privé de la grâce parce que nous sommes libres de répondre à Dieu ou à la tentation qui se présente. Par amour, le choix sera toujours donné. Pourtant, voici la différence majeure d'une vie soutenue par la grâce : nous avons maintenant le pouvoir de choisir de ne pas pécher. Par le pouvoir inoculé dans la grâce qui nous soutient, nous pouvons dire oui à Dieu et non à la tentation. Notre foi est protégée par la puissance de Dieu, protégée par une espérance vivante grâce à la résurrection de Jésus-Christ d'entre les morts (1 Pierre 1.3-4).

Dans une franche confession, Paul admet que, avant l'Esprit, le péché exerçait une telle emprise sur sa vie que ce dernier se comportait comme un maître vis-à-vis d'un esclave. « Je ne fais pas le bien que je veux, mais le mal que je ne veux pas, je le commets. » (Romains 7.19). Il était pris au piège du cercle vicieux consistant à ne pas vouloir faire quelque chose mais à ne pas pouvoir y résister, et à vouloir faire quelque chose mais à ne pas pouvoir l'accomplir. Qui me délivrera de ce corps voué à la mort ? » (7.24). Maintenant qu'il est sous la puissance du Saint-Esprit, poursuit Paul, il peut dire oui à Dieu et non à la tentation. « Dieu soit loué : c'est par Jésus-Christ notre Seigneur. Car la loi de l'Esprit qui nous donne la vie dans l'union avec Jésus-Christ t'a libéré de la loi du péché et de la mort. » (7.25 ; 8.2). Sans le Saint-Esprit, notre volonté humaine est faible et incapable d'obéir. Avec le Saint-Esprit, nous avons le pouvoir d'obéir. Ce n'est pas que ceux qui sont sanctifiés ne puissent plus jamais pécher, mais ils ont maintenant le pouvoir de ne pas pécher. La différence réside dans la grâce de Dieu qui nous soutient et nous empêche de tomber.

La fidélité est fondée sur la foi et la plénitude. Comme Wesley s'est empressé de l'ajouter, le Saint-Esprit renforce notre volonté, afin que nous puissions produire « tout bon désir, qu'il soit lié à nos dispositions, nos paroles ou nos actions, de sainteté intérieure et extérieure. »[12]

La grâce qui nous soutient en vue de la transformation du caractère

N. T. Wright explique comment le caractère de Christ se forme chez les personnes et dans les églises. Il l'explique comme étant la croissance longue mais constante de la grâce qui résulte des pratiques et des habitudes spirituelles formées dans la vie d'une personne, qui la transforme continûment à l'image de Jésus-Christ. Les anciens écrivains appelaient cette formation de caractère « vertu ».

Wright ouvre son livre par le récit de l'histoire vraie de Chesley Sullenberger, plus connue sous le nom de « Sully ». C'était un jeudi après-midi, le 15 janvier 2009, et qui ressemblait à n'importe quel autre jour à New York. Le vol a décollé à 15 h 26 en direction de Charlotte, en Caroline du Nord Sully était le commandant de bord. Il a effectué toutes les vérifications de routine et tout semblait normal jusqu'à ce que, deux minutes après le décollage, l'avion percute

---

12. Wesley, « Sermon 85 : On Working Out Our Own Salvation (De travailler à notre propre salut), III.2.

un triangle d'oies en plein vol. Les deux moteurs furent sévèrement endommagés et perdirent de la puissance. L'avion se dirigeait vers le nord, au-dessus du Bronx, l'un des quartiers les plus peuplés de la ville. Sully et son copilote ont dû prendre des décisions importantes, et rapidement. La vie de plus de 150 passagers, et de milliers d'autres au sol, était en jeu.

Les petits aéroports les plus proches étaient trop éloignés, et un atterrissage sur l'autoroute aurait été un désastre. Il ne leur restait donc qu'une seule option : atterrir sur le fleuve Hudson. À environ trois minutes de l'atterrissage, Sully et son copilote ont dû prendre des décisions capitales pour éviter de s'écraser. (Wright mentionne neuf tâches techniques et différentes). Contre toute attente, ils y sont parvenus : ils ont fait atterrir l'avion sur le fleuve Hudson. Tout le monde est descendu en toute sécurité, le capitaine Sully allant et venant à plusieurs reprises dans l'allée pour vérifier que tout le monde était sain et sauf avant de descendre lui-même.[13]

Beaucoup de gens ont dit que c'était un miracle, et on peut dire que c'est vrai, dans une certaine mesure. Mais où était le miracle ? Car les miracles se présentent sous diverses formes. Le miracle était-il dans la main surnaturelle de Dieu qui protège et guide ? C'est certainement possible. Cependant, il y a une autre façon de l'envisager. Peut-être le miracle était-il dû à la vertu de Sully qui l'a rendu capable de réagir avec une telle promptitude technique sous une pression intense. Si utiliser le mot « vertu » de cette façon semble étrange, c'est parce que la vertu n'est pas seulement une autre façon de dire « bon » ou « moral ». Wright soutient que la vertu, au sens le plus strict du terme, « est ce qui se passe quand quelqu'un a fait mille petits choix, exigeant effort et concentration, pour faire quelque chose qui est bon et juste mais qui ne vient pas naturellement — et puis, la mille et

13. Wright, *After You Believe:* Why Christian Character Matters (Pourquoi le caractère chrétien compte) (New York : HarperCollins, 2010), 18-20.

unième fois, lorsque cela compte vraiment, il estime qu'il fait ce qui est adéquat automatiquement, comme on dit ».[14]

En d'autres termes, lorsque quelque chose semble « venir tout seul », nous commençons à nous rendre compte que cela n'est pas « venu tout seul ». Comme le souligne Wright, si l'un d'entre nous avait piloté l'avion ce jour-là, et n'avait fait que ce qui vient naturellement, il se serait écrasé sur le côté d'un bâtiment. La vertu, la formation du caractère, ou, dans notre contexte, la formation de disciples, qui grandit dans la grâce pour devenir de plus en plus semblable à Jésus, n'est pas ce qui arrive naturellement ; c'est aussi ce qui arrive lorsque des choix sages et judicieux deviennent une seconde nature. Sully n'est pas né avec la capacité de piloter un jet commercial, ni avec les traits de caractère qui se sont révélés dans de brefs moments, comme le courage, une main ferme, un jugement rapide et le souci de la sécurité des autres au détriment de la sienne. Ce sont des compétences et des traits de caractère acquis, qui nécessitent une pratique spécifique et répétée jusqu'à ce que ce qui au départ met mal à l'aise, commence à être normal, et ensuite ce qui semble normal commence à être tellement ancré dans notre esprit et notre mémoire musculaire que nous réagissons plutôt que de devoir penser. C'est une seconde nature.

Sans vouloir offenser les lecteurs qui sont peut-être des pilotes, mais si j'avais été passager dans cet avion à descente rapide, je n'aurais pas souhaité qu'un pilote novice fasse juste ce qui lui viendrait naturellement. S'il avait dû sortir le manuel du moteur, consulter Internet ou se remémorer ce qu'il avait appris à l'école de pilotage alors que l'urgence était signalée, avant de répondre à une crise qu'il n'avait jamais connue auparavant, le résultat aurait pu être bien différent. Les connaissances ne suffisent pas, pas plus que le courage et la

---

14. Wright, *After You Believe*, 20.

détermination. Non, insiste Wright, ce qui était comptait au cœur de cette crise, était la vertu obtenue par la mise en pratique de quelque chose qui était devenu une seconde nature — une transformation du caractère, «formée par les forces spécifiques, c'est-à-dire les «vertus», qui exigeaient de savoir exactement comment piloter un avion.»[15] J'ajouterais que ce n'était pas n'importe quel avion, mais cet avion en particulier — l'avion que Sully avait été entraîné à connaître intimement dans les moindres détails.

L'idée de «seconde nature» retient mon attention, en particulier en ce qui concerne la formation de disciples, la sainteté et le parcours de grâce. Rares sont ceux qui contesteraient le fait que des qualités telles que le courage, l'endurance, la retenue, la sagesse, le bon jugement et la patience ne nous viennent pas naturellement. Ce sont des choses qui s'apprennent et s'enracinent dans notre caractère, parfois à la faveur de circonstances douloureuses et difficiles, mais toujours par le filtre des comportements appris. Un caractère ancré, selon le Nouveau Testament, et tel que défini par Wright, est «le schéma de pensée et d'action qu'une personne exécute, partout où elle se retrouve (pour ainsi dire), c'est la même personne que vous voyez au fil du temps».[16]

Le contraire d'un caractère ancré, bien sûr, est un caractère superficiel. Beaucoup de gens peuvent se présenter au départ comme étant honnêtes, gentils, positifs, etc., mais plus vous vous frottez à eux, plus leur vraie nature transparaît. Ces personnes se présentent simplement sous leur vrai jour. «Face à une crise, ou simplement lorsque leur garde est baissée, ils sont aussi malhonnêtes, grincheux et impatients que les autres.»[17] Quel est le problème? Ce sont tout simplement des individus naturels; ils sont suffisamment conscients

---

15. Wright, *After You Believe*, 21.
16. Wright, *After You Believe*, 27.
17. Wright, *After You Believe*, 27.

d'eux-mêmes pour savoir que leur attitude devrait être différente, mais ils n'ont pas acquis de nouvelles habitudes de seconde nature pour bien réagir aux défis et aux déceptions soudaines. Le caractère d'une personne ne se forme pas à l'occasion d'une crise, il se révèle simplement. Lorsqu'une situation spontanée se présente, ce que nous sommes réellement se manifeste à chaque fois.

Ray Dunning a montré comment certains termes utilisés par Wesley au XVIIIᵉ siècle diffèrent de l'usage contemporain. Par exemple, en ce qui concerne notre discussion sur le libre arbitre, « liberté » était le terme qu'il utilisait pour désigner la liberté de choix, tandis que « volonté » était le terme qu'il utilisait pour désigner ce qu'il appelait les « affections », ou les inclinations qui motivent l'action humaine. Les affections ne renvoient pas à des sentiments qui vont et viennent, ni ne sont modifiées par des changements temporaires de comportement. Elles ont plutôt trait au niveau plus profond des motivations sous-jacentes à tel ou tel choix opéré par un individu ou telle ou telle action réalisée. L'utilisation du terme « disposition » par Wesley est étroitement liée aux affections. Au XVIIIᵉ siècle, une disposition ne signifiait pas qu'une personne était irritable ou se mettait facilement en colère. Cela correspondait plutôt au sens que nous donnons à « tempérament » aujourd'hui. Wesley utilisait le terme « temper » dans le sens de « disposition persistante ou habituelle présentée par une personne ».[18] Ou plus exactement, ces affections humaines, qui sont orientées et deviennent des aspects persistants du caractère d'une personne, cultivées au moyen de la grâce, jusqu'à ce qu'elles ne soient plus des événements momentanés mais des vertus stables et durables et, lorsqu'elles sont mues par de justes intentions, de « saintes dispositions ».

---

18. Maddox, *Responsible Grace*, (*La grâce responsable*) 69.

L'expression « saintes dispositions » était fréquemment utilisée dans l'enseignement de Wesley sur la formation de disciple, en particulier dans ses réflexions sur le fruit de l'Esprit en Galates. « Mais le fruit de l'Esprit c'est l'amour, la joie, la paix, la patience, l'amabilité, la bonté, la fidélité, la douceur, la maîtrise de soi. » (Galates 5.22-23). Plusieurs facettes de ce texte méritent d'être soulignées. D'abord, Wesley s'est empressé de mentionner que le fruit était au singulier, et non au pluriel (« fruits »). S'il était au pluriel, on pourrait être tenté de se concentrer sur un « fruit » plutôt que sur un autre. On pourrait se concentrer par exemple sur la fidélité, et ignorer la bonté. Le fruit comme un tout unifié est la preuve que l'Esprit de Dieu est à l'œuvre. Ce ne sont pas des caractéristiques indépendantes. Ensuite, à mesure que nous grandissons, les neuf facettes du fruit travaillent ensemble pour peindre une image convaincante de ce à quoi ressemble la vie consacrée sous le contrôle du Saint-Esprit. N. T. Wright fait remarquer que Paul « n'envisage pas de spécialisation. »[19] Tout comme on peut identifier un pêcher par le fruit qu'il produit, un chrétien est reconnu par le fruit de l'Esprit : les saintes dispositions qui se manifestent dans sa vie. Il n'est pas surprenant que Wesley se soit empressé d'ajouter que l'amour commence la liste des saintes dispositions, car les neuf sont des expressions de l'amour. Néanmoins, dans le parcours de grâce, toutes les caractéristiques du Christ seront manifestées dans nos vies.

Le plus important à comprendre concernant le parcours de grâce est peut-être que ces saintes dispositions ne sont pas ressenties de façon instantanée. Au contraire, comme l'explique Randy Maddox, « la grâce régénératrice (salvatrice) de Dieu éveille chez les croyants les « semences » de telles vertus. Ces graines se renforcent et prennent forme à mesure que nous « croissons en grâce ». Cette

---

19. Wright, *After You Believe*, 195.

croissance implique une coopération responsable, car nous pourrions au contraire négliger ou étouffer la gracieuse habilitation de Dieu. »[20] L'explication de Maddox a beaucoup à nous apprendre. Cependant, l'élément principal que nous devons absolument considérer, c'est que pour grandir, la vertu doit être nourrie.

Par la grâce de Dieu, nous sommes sauvés et sanctifiés en un instant, et nous sommes capables de commencer le voyage en vue de devenir semblable à Christ : les graines de justice sont plantées. Lorsque nous entreprenons le magnifique parcours de grâce, il nous est donné la liberté de quitter une vie de péché centrée sur le soi pour aimer Dieu de tout notre cœur, de toute notre âme, de toute notre force et de toute notre pensée. Néanmoins, les trois vertus permanentes de la foi, de l'espérance et de l'amour (1 Corinthiens 13.13) et le fruit de l'Esprit, avec ses 9 facettes issu de la vie remplie de l'Esprit, sont un don, mais doivent en même temps être cultivés. Le fruit de l'Esprit ne survient pas tout à coup, et ne « pousse pas automatiquement », comme l'affirme, à juste titre, Wright. Il y a, de toute évidence, des signes prometteurs que le fruit est en train de se former. « Beaucoup de nouveaux convertis, en particulier lorsqu'une conversion soudaine traduit un changement radical d'un style de vie rempli d'« œuvres charnelles », rapportent leur propre étonnement devant le désir d'aimer, de pardonner, d'être doux, d'être pur, qui jaillit en eux. Comment est-ce possible ? Je ne me reconnais pas ! C'est merveilleux, c'est un signe certain que l'Esprit est à l'œuvre. »[21]

Ces incroyables changements d'affection ne sont rien d'autre qu'un pur don de grâce. Cependant, le nouveau converti ne peut pas devenir passif. Il doit découvrir l'œuvre que Dieu accomplit en lui. La

---

20. Randy Maddox, « Reconnecting the Means to the End : A Wesleyan Prescription for the Holiness Movement", Wesleyan Theological Journal, vol. 33, n° 2 (automne 1998), 41.

21. Wright, *After You Believe*, 195–196.

même grâce qui a rendu ces changements d'affection possibles doit maintenant croître pour devenir de « saintes dispositions », cultivées par de nouvelles habitudes et pratiques acquises. Là encore, Wright fait précisément valoir ce point avec une imagination de disciple très vive : « Ces [nouveaux désirs] sont les fleurs ; pour obtenir les fruits, il faut devenir un jardinier. Vous devez découvrir comment soigner et tailler, comment irriguer le champ, comment éloigner les oiseaux et les écureuils. Il faut veiller à la présence de mildiou et de moisissure, couper le lierre et les autres parasites qui absorbent la vie de l'arbre, et s'assurer que le jeune tronc peut tenir ferme par vent fort. Ce n'est qu'alors que les fruits apparaîtront. »[22]

Les fleurs indiquent certainement que « le Christ est en vous, lui en qui se concentre l'espérance de la gloire à venir. » (Colossiens 1.27), mais pour obtenir le véritable fruit d'un caractère mature, semblable à celui de Christ, nous devons devenir des jardiniers. Les graines doivent à présent commencer à porter le fruit. Les affections abandonnées produisent de saintes dispositions, une nouvelle disposition d'esprit, résultant en une pensée semblable à celle du Christ, et en des actions qui commencent à refléter une seconde nature.[23] « Si vous produisez du fruit en abondance et que vous prouvez ainsi que vous êtes vraiment mes disciples, la gloire de mon Père apparaîtra aux yeux de tous. » (Jean 15.8). Les fleurs deviennent des fruits, les graines deviennent des vertus. La puissance énergisante de Dieu devient la grâce qui soutient.

---

22. Wright, *After You Believe*, 196.

23. « Le langage de Wesley, selon lequel les actions saintes « découlent » de saints tempéraments, suggère qu'il appréciait le sens dans lequel les affections habituelles apportent la « liberté » de mener des actions humaines, la liberté qui vient d'une pratique disciplinée (par exemple, la liberté de jouer un concerto de Bach). Maddox, *Responsible Grace*, (*La grâce responsable*) 69.

Le vice et la vertu

Paul réprimande les chrétiens de Corinthe: «Faites donc vous-mêmes votre propre critique, et examinez-vous, pour voir si vous vivez dans la foi. Ne reconnaissez-vous pas que Jésus-Christ est parmi vous?» (2 Corinthiens 13.5). Dans son style perspicace habituel, la paraphrase d'Eugene Peterson est à propos: «Mettez-vous à l'épreuve pour vous assurer que vous êtes affermis dans la foi. Ne vous méprenez pas de considérer que tout va de soi. Faites des contrôles réguliers de votre propre personne. Vous avez besoin de preuves directes, pas de simples ouï-dire, que Jésus-Christ est en vous. Testez-les. Si vous échouez à ce test, faites quelque chose» (versets 5 à 9).

Des bilans de santé réguliers sont toujours préférables à une crise cardiaque ou à un accident vasculaire cérébral. Un problème détecté suffisamment tôt a plus de chance d'être traité. De même, le fait de suivre un programme d'entretien pour les machines coûteuses peut généralement prévenir une défaillance catastrophique. Tout au long de l'histoire biblique, les périodes de quarante jours ont été reconnues comme des périodes de préparation, de purification et d'inventaire spirituel.[24] On pourrait établir que le but des rassemblements spéciaux, notamment des conférences ou des conventions, dans la tradition de la Sainteté vise les bilans de santé personnels et collectifs. Comme Paul l'affirme dans Corinthiens, la croissance spirituelle impose une santé spirituelle. Dans l'esprit du conseil de Paul, Wesley insistait pour que les croyants se réunissent en petits groupes de responsabilité («réunions de classe» comme il les appelait) en vue de pratiquer la discipline des bilans de santé spirituelle.

Quels sont les signes avant-coureurs d'une maladie cardiaque spirituelle? Selon l'église au VIe siècle, les signes d'alerte étaient identifiés

---

24. La saison du Carême dans le calendrier chrétien est fondée sur le concept de quarante jours d'examen de conscience.

comme les « péchés mortels » ou les « vices mortels ». Tout comme un taux de cholestérol élevé est un indicateur de maladie cardiaque et qu'une lumière vacillante est un signe que l'ampoule est défaillante, ces signes sont des indicateurs de tendances malsaines dans notre vie de disciple et, s'ils ne sont pas traités, peuvent conduire à la mort spirituelle. La compréhension historique du vice par l'église, communément appelé « les sept péchés capitaux », est plus complète et en comprend plus de sept :

Orgueil : se mettre à la place de Dieu comme centre et objectif principal de sa vie ; refuser de reconnaître sa condition de créature, dépendante de Dieu.

Irrévérence : négligence délibérée de l'adoration de Dieu, ou se contenter de le faire pour la forme ; cynisme manifeste envers la sainteté ou utilisation du christianisme à des fins personnelles.

Sentimentalisme : le fait de se contenter de sentiments pieux et d'une belle cérémonie sans rechercher la sainteté personnelle ; aucun intérêt à porter sa croix ni à se sacrifier ; un plus grand attrait pour la spiritualité émotionnelle que pour les engagements sacrificiels.

Méfiance : refus de reconnaître la sagesse et l'amour de Dieu ; inquiétude, anxiété, scrupulosité ou perfectionnisme excessifs ; tentatives de gagner ou de garder le contrôle de sa vie par le spiritualisme, une timidité ou une lâcheté excessives.

Désobéissance : rejet de la volonté connue de Dieu ; refus d'apprendre la nature de Dieu telle qu'elle est révélée dans les Saintes Écritures ; rupture de la confiance par l'irresponsabilité, la trahison et la déception inutile des autres ; infraction de contrats légaux ou moraux.

Impénitence : refus de chercher et d'affronter ses péchés, ou de les confesser devant Dieu ; auto-justification en croyant que ses péchés sont insignifiants, naturels ou inévitables ; refus de s'excuser et de se réconcilier avec son prochain ou refus de se pardonner à soi-même.

Vanité : ne pas reconnaître la contribution de Dieu et des autres à sa vie ; se vanter, exagérer et afficher un comportement ostentatoire ; se préoccuper indûment des « choses ».

Arrogance : être autoritaire et argumentatif ; être obstiné et avoir des opinions arrêtées.

Ressentiment : rejet des talents, des capacités ou des opportunités que Dieu et les autres offrent pour notre bien-être ; rébellion et haine de Dieu ou des autres ; cynisme.

Envie : insatisfaction quant à notre place dans l'ordre de la création de Dieu ; jalousie, malveillance et mépris des autres ou des « choses » des autres.

Convoitise : refus de respecter l'intégrité des autres créatures, s'exprime par l'accumulation de possessions matérielles pour prouver sa propre valeur ; utilisation des autres à des fins personnelles ; quête d'un statut et d'un pouvoir aux dépens des autres.

Avarice : gaspillage de ressources naturelles ou de biens personnels ; extravagance ou vie au-dessus de ses moyens ; se manifeste par une ambition démesurée ou la domination d'autrui et la protection indue de ses « choses ».

Gloutonnerie : excès d'appétit naturel pour la nourriture et les boissons ; quête démesurée de plaisir et de confort ; se manifeste par l'intempérance et le manque de discipline.

Luxure : abus sexuel ; comprend la le manque de chasteté, l'immodestie, la pudibonderie et la cruauté ; ne reconnaît pas le mariage comme la relation ordonnée par Dieu pour la sexualité.

Paresse : refus de saisir les occasions de croissance, de service et de sacrifice qui s'offrent à soi ; comprend la paresse dans les devoirs spirituels, mentaux ou physiques ; négligence de la famille ; indifférence à l'égard de l'injustice ou des personnes qui souffrent dans le monde ; négligence des personnes dans le besoin, solitaires et mal-aimées.

Les signes avant-coureurs peuvent être subtils mais dangereux pour l'âme. Lorsque nous voulons être en bonne santé physique, nous changeons certains modes de vie et faisons des choix alimentaires en fonction de nos nouveaux désirs. Il arrive que des médicaments soient nécessaires pour compléter ou compenser ce que notre corps ne peut pas produire par lui-même. Si nous voulons que nos jardins produisent de meilleurs fruits, nous ajoutons des engrais et parfois nous enlevons les parties des plantes qui ne sont pas en bonne santé. La vérité est que notre corps et nos jardins sont plus productifs si nous évitons de chercher une solution rapide à chaque problème. Un entretien régulier et continu est préférable. La vie de disciple fonctionne de la même manière. Certes, on ne peut pas simplement se débarrasser de certains schémas malsains sans les remplacer par autre chose, quelque chose de meilleur. Il doit y avoir un bien de substitution qui soit plus fort que le mal actuel. Quiconque est sur la chemin de la guérison de la dépendance vous dira que quelque chose doit remplacer l'objet de la dépendance. Il doit y avoir une passion spirituelle plus élevée pour remplacer la passion inférieure, celle du péché. De même, il doit y avoir un programme d'entretien régulier pour améliorer notre parcours de grâce : une façon régulière et systématique de maintenir notre vie de disciple à un niveau de performance optimal.

Quel est le bien de substitution qui remplace les vices mortels ? Qu'est-ce que le plan de maintien de la grâce ? Le Nouveau Testament identifie le bien de substitution comme le fruit de l'Esprit : ces vertus vivifiantes qui déplacent les instincts inférieurs de notre chair. Le plan d'entretien régulier et systématique est appelé discipline spirituelle. Les athlètes professionnels font des tours de piste, s'étirent et soulèvent des poids, non pas pour le plaisir ou parce qu'ils s'ennuient, mais parce qu'ils sont déterminés à atteindre un objectif. Les bilans spirituels ne doivent pas nécessairement être des opérations chirurgicales majeures ou invasives. Il peut s'agir de contrôles de mieux-être.

La médecine du bien de substitution est le fruit de l'Esprit ; le plan de maintien de la santé pour améliorer notre réceptivité à l'activité de Dieu consiste en les disciplines spirituelles. Ce sont des éléments essentiels de la grâce qui soutient.

La discipline comme moyen d'obtenir la grâce

L'auteur du livre des Hébreux reconnaît l'importance de la discipline spirituelle : « Certes, sur le moment, une correction ne semble pas être un sujet de joie mais plutôt une cause de tristesse. Mais par la suite, elle a pour fruit, chez ceux qui ont ainsi été formés, une vie juste, vécue dans la paix. » (12.11). Le châtiment peut avoir une connotation négative, s'il est considéré comme une punition pour un acte répréhensible. Cependant, comme le reconnaît l'auteur du livre des Hébreux, il existe aussi des châtiments qui servent à protéger ou à rendre plus fort. C'est à cet aspect de la discipline que l'Épître aux Hébreux fait référence. « Supportez vos souffrances : elles servent à vous corriger. C'est en fils que Dieu vous traite. Quel est le fils que son père ne corrige pas ? Si vous êtes dispensés de la correction qui est le lot de tous les fils, alors vous êtes des enfants illégitimes, et non des fils. » (12.7-8).

Deux choses sont à relever : (1) l'auteur ne pouvait pas imaginer des enfants qui ne soient pas les bénéficiaires de la discipline parentale ; (2) l'auteur envisage la discipline comme une forme d'amour saint. L'amour à l'endroit d'un enfant inclut la discipline. Il ne s'agit pas d'une punition qui consiste à lui refuser une pizza à minuit, à lui imposer un couvre-feu ou à lui refuser la liberté de regarder ce qu'il veut sur Netflix. Le parent avisé sait que ce n'est pas une punition, mais une préparation pour son avenir. Cela peut sembler injuste pour l'enfant, voire cruel, mais il arrive un jour où il apprendra à apprécier les limites fixées par des parents aimants pour le protéger et l'aider à devenir un adulte pleinement fonctionnel et sain. De la même manière, Dieu nous discipline en vue de la sainteté. Cela peut ne pas sembler agréable sur le moment, mais il plante des graines pour le fruit paisible d'une vie juste, et — ne passez pas à côté de cela — nous devons y être formés.

Stanley Jones a dit avec sagesse : « Vous ne pouvez pas atteindre le salut par la discipline, car c'est le don de Dieu. Mais vous ne pouvez pas le maintenir sans discipline. »[25] Concernant la formation du caractère, on attribue à Augustin la définition de la vertu comme « une bonne habitude en accord avec notre nature ». En outre, Jones cite les simples habitudes de Jésus comme exemple d'une personne qui était totalement dépendante de Dieu et personnellement disciplinée dans ses habitudes : « Il a fait trois choses par habitude : (1) « Il se levait pour lire comme il en avait l'habitude » : il lisait la Parole de Dieu par habitude. (2) « Il est allé sur la montagne pour prier comme il en avait l'habitude » : il priait par habitude. (3) « Il les enseignait à nouveau selon sa coutume » : il transmettait aux autres par habitude ce qu'il possédait et ce qu'il connaissait. Ces habitudes simples étaient les habitudes de base de sa vie.[26] Les saintes habitudes forment des disciples en bonne santé. Revenant à l'idée que Wesley se faisait des saints tempéraments, il pensait qu'ils étaient formés chez les chrétiens alors qu'ils participaient à la vie de l'église par des pratiques habituelles qu'il appelait « les moyens d'obtenir la grâce » — également connues sous le nom de disciplines spirituelles. Les moyens d'obtenir la grâce sont des conduits de la grâce transformatrice de Dieu — ces activités qui canalisent l'activité de Dieu vers nous dans le parcours de grâce.

Pour Wesley, ces moyens étaient transmis par ce qu'il appelait des œuvres de piété et des œuvres de miséricorde. Les œuvres de piété sont essentiellement ce que nous faisons pour améliorer notre relation

25. E. Stanley Jones, *Conversion* (Nashville: Abingdon Press, 1991), quoted in Richard J. Foster and James Bryan Smith, eds., *Devotional Classics: Selected Readings for Individuals and Groups* (lectures sélectionnées pour les individus et pour les groupes) (Englewood, CO: Renovaré, 1990), 281.

26. Jones, Conversion, quoted in Foster and Smith, *Devotional Classics*, 282.

personnelle avec Christ. Les œuvres de miséricorde sont liées à ce que nous faisons pour engager le ministère et la mission de Dieu dans le monde. Les œuvres de piété et les œuvres de miséricorde ont toutes deux une composante individuelle (ce que l'on peut faire seul) et une composante collective (ce qui doit être fait avec l'aide des autres).

Les œuvres de piété individuelles comprennent la méditation des Écritures, la prière, le jeûne, le témoignage de sa foi avec les autres (évangélisation) et le don généreux de nos ressources. Les œuvres de piété collectives comprennent le culte d'ensemble, la participation aux sacrements de la Sainte Communion et du baptême chrétien, la responsabilité mutuelle (également appelée « conférence chrétienne »), l'étude de la Bible et la prédication. Une fois de plus, nous organisons ces événements religieux non seulement parce que nous sommes chrétiens, mais aussi parce qu'il s'agit de « pratiques inspirées par l'Esprit qui réforment et rééduquent vos amours … des pratiques contre-formatrices, avec des rituels de mise en appétit et des liturgies de mise en forme de l'amour » parce qu'à travers ces pratiques, nous apprenons à revêtir Christ. (voir Colossiens 3.12–16).[27]

Les sacrements comme moyens d'obtenir la grâce

Plus de détails sur l'importance des sacrements seront utiles pour le parcours de grâce. Le mot « sacrement » provient d'un mot latin qui signifie « sanctifier, consacrer » ou « rendre sacré, saint ». Il est lui-même dérivé du mot grec pour « mystère ». Lorsqu'ils sont alignés ensemble, un sacrement est « un mystère sacré ». John Wesley a emprunté sa définition d'un sacrement au catéchisme du Livre de prière anglican (qui reprend la définition succincte d'Augustin), avec une légère adaptation à des fins de clarté : « Un signe extérieur d'une

---

27. James K. A. Smith, *You Are What You Love: The Spiritual Power of Habit* (Grand Rapids: Brazos Press, 2016), 68–69.

grâce intérieure, et un moyen par lequel nous recevons celle-ci. »[28] Combinant l'idée de mystère sacré et de moyens, N. T. Wright décrit les sacrements comme « les occasions où la vie du ciel se croise mystérieusement avec la vie de la terre ».[29] Certaines traditions chrétiennes observent plus de sacrements que d'autres. Les protestants en préconisent généralement deux : le baptême et l'Eucharistie (également appelée la Cène ou la Sainte Communion).[30]

John Wesley encourage vivement « une fréquentation assidue de toutes les ordonnances (disciplines spirituelles), »[31] mais surtout de la Cène. Il l'a qualifiée de « grand canal » par lequel la grâce nous est transmise, et a même identifié la participation à la communion comme la première étape de l'élaboration de notre salut.[32] Ce point de vue dynamique était fondé sur sa conviction que la Communion est plus qu'un souvenir symbolique de la mort de Christ, mais que la présence réelle de Christ, par le Saint-Esprit, est éprouvée lorsque l'on reçoit la Cène.[33] C'est ce qui a conduit Wesley à tirer deux conclusions d'une importance considérable. Premièrement, comme la grâce présente est accordée pour une vie chrétienne responsabilisée, la communion devrait être prise aussi souvent que possible. Deuxièmement, parce que la présence du Saint-Esprit dans la Communion est l'équivalent de la

---

28. Rob L. Staples, *Outward Sign and Inward Grace (Signe extérieur et grâce intérieure) : The Place of Sacraments in Wesleyan Spirituality* (Kansas City, MO: La place des sacrements dans la spiritualité wesleyenne (Kansas City, MO: Beacon Hill Press of Kansas City, 1991), 21. C'est nous qui soulignons .

29. Wright, *After You Believe*, 223.

30. La raison d'être des deux sacrements est la préférence pour la pratique des seuls sacrements institués par Jésus-Christ (également appelés « sacrements dominicaux »).

31. Wesley, *A Plain Account of Christian Perfection*, (Une description claire de la perfection chrétienne) Annoté, 45.

32. Maddox, *Responsible Grace, (La grâce responsable)* 202.

33. « Lorsque Jésus parle de 'mémoire', le terme grec est *anamnesis*. C'est bien plus qu'un simple souvenir historique. Il désigne un souvenir inspiré par le Saint-Esprit qui fait passer l'événement du passé au présent de telle sorte qu'il se 'reproduit' littéralement ». J. D. Walt, "Wonder Bread," *Seedbed Daily Text*, April 24, 2020, https://www.seedbed.com/ wilderness-wonder-bread/.

grâce de Dieu qui sauve, sanctifie et soutient, elle pourrait être considérée comme une « ordonnance de conversion » [34] — une personne au cœur repentant pourrait être sauvée — et comme un moyen de promouvoir la sainteté. Cette conception élevée de la Communion a incité le théologien nazaréen Rob Staples à qualifier l'Eucharistie de « sacrement de sanctification ».[35]

Le baptême est bien plus qu'un simple rituel ou un témoignage public. Il symbolise notre mort et notre résurrection avec Christ. « Nous avons donc été ensevelis avec lui par le baptême en relation avec sa mort afin que, comme le Christ a été ressuscité d'entre les morts par la puissance glorieuse du Père, nous aussi, nous menions une vie nouvelle. » (Romains 6.4). On ne dérive pas dans le royaume de Dieu — en fin de compte, il doit y avoir une mort au péché et à soi-même et une résurrection à la vie nouvelle.[36] Le baptême marque ce moment. « Le baptême montre clairement que toute vie chrétienne consiste à être signé avec la croix, à participer à la croix, à prendre la croix et à suivre Jésus. »[37] Wesley n'a inclus le baptême dans aucune de ses listes officielles des moyens d'obtenir la grâce, non parce qu'il a dévalorisé le baptême, mais en raison de son rôle initiatique dans la communauté de foi et en tant qu'événement unique dans la vie d'un croyant. Ainsi, pour Wesley, le baptême marquait l'initiation à la vie de sainteté, tandis qu'il considérait les autres moyens d'obtenir

---

34. « Ordonnance de conversion » est une expression propre à John Wesley. Staples, *Outward Sign and Inward Grace* (Signe extérieur et grâce intérieure) 252. Grâce au témoignage de sa propre mère, qui lui a donné la pleine assurance de sa foi en participant à la Communion, et à de nombreux autres témoignages d'expériences comme celle-ci, Wesley a acquis la conviction que le moment eucharistique « 'présente à nouveau' le sacrifice du Christ une fois pour toutes dans un spectacle dramatique, en transmettant sa puissance salvatrice ». Maddox, *Responsible Grace, (La grâce responsable)* 203.

35. Voir Staples, *Outward Sign and Inward Grace (Signe extérieur et grâce intérieure*) 201–249.

36. Wright, *After You Believe*, 281.

37. Wright, *After You Believe*, 281.

la grâce comme devant être nécessairement répétés pour la recherche continue de la sainteté.[38] L'opinion de Wesley sur la question du baptême convergeait avec celle des réformateurs anglais. Cependant, ils différaient sur deux points essentiels. Selon Maddox, Wesley exaltait « la transformation de nos vies, engendrée par la puissance de la grâce. », par rapport à l'octroi de notre « pardon juridique (accent mis sur la culpabilité et la nécessité du pardon) ». Cette distinction est importante car elle signifie que le baptême n'est pas seulement un signe que nos péchés sont pardonnés, mais aussi que nous sommes guéris de notre nature pécheresse, ainsi que du brisement qui résulte du péché.[39] En outre, pour Wesley, bien que la grâce du baptême soit « suffisante pour initier la vie chrétienne », il faut participer de manière sensible et responsable à la grâce qui est donnée pour que les moyens d'obtenir la grâce soient pleinement efficaces.[40] En ce sens, le baptême est un signe et un symbole de la volonté de s'engager pleinement dans ce qui est nécessaire pour nourrir une vie sainte.

L'historien et érudit nazaréen Paul Bassett m'a dit un jour que la première liturgie baptismale enregistrée, datant de la fin du quatrième siècle, comprenait l'imposition des mains et la prononciation des mots par l'officiant (c'est nous qui paraphrasons) : « Et maintenant, recevez la grâce et la guérison de notre Seigneur Jésus-Christ, et que la puissance du Saint-Esprit agisse en vous, afin qu'étant né

---

38. Staples, *Outward Sign and Inward Grace*, 98 ; Maddox, *Responsible Grace*, 222.

39. Il existe des différences fondamentales entre les traditions chrétiennes occidentales (latines) et orientales (grecques) en ce qui concerne la signification du salut. « Le christianisme occidental (tant protestant que catholique) en est venu à se caractériser par une insistance juridique dominante sur la culpabilité et l'absolution, tandis que la sotériologie orthodoxe orientale mettait généralement davantage l'accent sur le souci thérapeutique de guérir la nature de notre péché. » Maddox, *Responsible Grace*, (*La grâce responsable*) 23. Wesley considérait le baptême sous ces deux angles, mais il mettait plus d'emphase sur l'aspect de guérison et du don de vie.

40. Maddox, *Responsible Grace*, (*La grâce responsable*) 23.

d'eau et d'Esprit vous soyez un témoin fidèle.» En bref, j'ai reçu la grâce ; je suis guéri ; je serai un disciple de Jésus.

Des relations responsables

Toute discussion sur le maintien de la grâce dans la vie de disciple serait incomplète, en particulier pour ceux de la tradition wesleyenne de la sainteté, sans une mention de l'importance des relations spirituellement responsables. Wesley a développé un cadre pratique qu'il estimait nécessaire pour chaque chrétien en croissance. Comprenant la propension à l'égocentrisme (qui conduit à un manque de conscience de soi), et la tentation tenace de vivre des vies isolées, Wesley a institué cinq niveaux de ce qu'il a appelé la « conférence chrétienne ». Il s'agissait de sociétés (semblables aux cours de l'école du dimanche conçus pour l'éducation et l'instruction chrétiennes), de réunions de classe (nous y reviendrons plus loin), de bandes (petits groupes), de sociétés choisies (développement du leadership et mentorat) et de groupes de pénitents (groupes de rétablissement).

Bien que tous les niveaux de conférences chrétiennes soient avantageux comme moyen de grâce, Wesley en est venu à croire que la réunion de classe était le cœur de la communauté chrétienne et qu'elle était vitale pour grandir dans la ressemblance à Christ. Elle est devenue la « méthode » du mouvement méthodiste et, selon la plupart des gens, a été la plus grande contribution organisationnelle de Wesley à la vie de sainteté. Elle n'était pas axée sur l'éducation chrétienne en soi, mais sur les comportements, en mettant l'accent sur la conception pratique et l'environnement le mieux adapté à la transformation spirituelle. Les études bibliques et l'enseignement doctrinal étaient importants, mais ils étaient réservés aux sociétés. Les gens se réunissaient en classes pour poser des questions sur le progrès spirituel de chaque membre. Ils étaient là pour se regarder dans les yeux et se poser la question : «Quel est l'état de votre âme ?» Ils devaient se tenir mutuellement responsables de la croissance dans la grâce et offrir tout l'encouragement nécessaire pour se pousser les uns les autres vers la sainteté du cœur et de la vie.[41]

Le prédicateur protestant le plus célèbre du XVIIIe siècle n'était pas John Wesley, mais un autre Anglais dénommé George Whitefield. Prédicateur éloquent et dynamique, Whitefield était universellement considéré comme la voix du protestantisme dans le monde occidental et l'un des principaux acteurs du Grand Réveil en Amérique du Nord.[42] Wesley et Whitefield étaient des amis proches, et chacun admirait la contribution faite par l'autre pour affermir l'église. En fin de compte, c'est l'œuvre de Wesley qui a perduré et non celle de Whitefield. Adam Clarke, un jeune contemporain de Wesley, attribue le fruit durable du réveil wesleyen directement à la réunion de classe.

> De par ma longue expérience, je connais la justesse des conseils de M. Wesley : « Établissez des réunions de classe partout où vous prêchez et ayez des auditeurs attentifs ; car, partout où nous avons prêché sans le faire, la parole a été comme une graine tombée le long du chemin. » C'est par ce moyen [de grâce] que nous avons pu établir des églises durables et saintes dans le monde entier. M. Wesley en a vu la nécessité dès le début. M. Whitefield … ne l'a pas suivi. Quelle en a été la conséquence ? Le fruit du travail de M. Whitefield est mort avec lui-même. Celui de M. Wesley demeure et se fructifie.[43]

Whitefield lui-même, en réponse à une question sur l'impact de la renaissance wesleyenne, réfléchit plus tard : « Mon frère Wesley a agi

---

41. Cette section sur la réunion de classe est une adaptation de mon livre sur le ministère urbain. Pour plus de détails sur les conférences chrétiennes et l'impact de la réunion de classe sur le méthodisme, voir David A. Busic, The City: *Urban Churches in the Wesleyan-Holiness Tradition* (Kansas City, MO: The Foundry Publishing, 2020).

42. Harry S. Stout, *The Divine Dramatist: George Whitefield and the Rise of Modern Evangelicalism* (Le divin dramaturge: George Whitelfield et l'ascension du mouvement évangélique moderne) (Grand Rapids: Eerdmans, 1991), xiii–xvi.

43. J. W. Etheridge, *The Life of the Rev. Adam Clarke* (New York: Carlton and Porter, 1859), 189.

avec sagesse ; les âmes qui ont été éveillées sous son ministère, il les a rejointes en classes [réunions], et a ainsi préservé les fruits de son travail. Je l'ai négligé, et mon peuple est une corde de sable. »[44]

La vie de disciple peut être personnelle, mais elle ne doit pas être privée. Les chrétiens isolés sont en danger parce que la foi insulaire produit des disciples faibles et infructueux. Le culte partagé et l'éducation chrétienne sont bénéfiques et nécessaires, mais sans une vie commune faite d'amour et de relations intimes, combinée à l'application des connaissances reçues, nous lutterons pour « faire fructifier [n]otre salut » (Philippiens 2.12). Le secret d'une croissance saine et heureuse dans la grâce se trouve dans la phrase que Wesley répétait souvent : « veillant les uns sur les autres dans l'amour ».[45]

La grâce de la maîtrise de soi

L'apprentissage de la prière, du jeûne, de la lecture des Écritures, de la réflexion, de l'étude, de la simplicité, de la solitude, la soumission, le service, la confession, le culte et la responsabilité relationnelle sont tous des exemples de moyens d'obtenir la grâce. Ces moyens, et d'autres disciplines spirituelles comme celles-ci, font partie intégrante de la conservation de la grâce.

Vous pourriez dire : « Je n'ai pas l'aptitude pour ces choses ! » Bienvenue au club ! Le fait est que personne n'a d'aptitude pour ces choses au début. Ils sont peu séduisants et exigent un travail acharné et une pratique continue. N'oubliez pas qu'avec l'aide de l'Esprit, notre ancienne nature se transforme en une nouvelle jusqu'à ce que ce qui n'était pas naturel auparavant devienne une seconde nature et « jusqu'à ce que le Christ soit formé en vous » (Galates 4.19). C'est peut-être la raison pour laquelle la maîtrise de soi est citée comme la

44. Etheridge, *The Life of the Rev. Adam Clarke*, 189.
45. John Wesley, "The Nature, Design, and General Rules of the United Societies," *Works*, 9.69.

caractéristique finale du fruit de l'Esprit. La maîtrise de soi est nécessaire parce que la production du fruit n'est pas automatique. Les fleurs
montrent les premiers signes de potentiel, mais sans la concentration
et l'attention délibérée, il est peu probable que le fruit parvienne à
maturité.

Wright fait remarquer que certains fruits peuvent être simulés :
« Toutes les variétés du fruit que Paul mentionne ici sont relativement
faciles à contrefaire, surtout chez les jeunes, les personnes en bonne
santé et les gens heureux, à l'exception de la maîtrise de soi. Si ce n'est
pas le cas, cela vaut toujours la peine de se demander si l'apparence
des autres variétés du fruit n'est que cela, une apparence, plutôt qu'un
signe réel de l'Esprit est à l'œuvre. »[46] Il n'est donc pas étonnant que
la maîtrise de soi sous-tend l'engagement résolu à cultiver la vie de
sainteté.

Il y a beaucoup de parasites, beaucoup d'arbustes étrangers qui
menacent d'étouffer l'arbre fruitier, beaucoup de prédateurs prêts à
grignoter les racines ou à en arracher le fruit avant qu'il ne mûrisse.
Il doit y avoir un choix conscient de l'esprit, du cœur et de la volonté
pour faire face à tous ces ennemis sans pitié. Ce n'est pas parce que
vous « vivez dans l'Esprit » que suivre l'Esprit est automatique. Vous
devez choisir de le faire. Et vous pouvez le faire.[47]

La grâce qui nous soutient : spirituelle et pratique

La grâce qui nous soutient est à la fois spirituelle et pratique. Elle
est spirituelle en ce sens qu'elle englobe l'Esprit. Tout comme le fruit
physique est le produit naturel d'une chose vivante, le fruit spirituel
est le produit du Saint-Esprit. Nous ne pouvons pas fabriquer l'œuvre
profonde de Dieu en nous par la puissance du Saint-Esprit — c'est
ce qui vient de l'extérieur et, en tant que tel, est purement un don.

---

46. Wright, *After You Believe*, 196.
47. Wright, *After You Believe*, 196-197.

Mais elle est aussi pratique ; tout simplement, ça demande de la pratique. Ces pratiques prennent la forme du jardinage afin que l'œuvre qui a commencé en nous soit « poursuivie jusqu'à son achèvement » (Philippiens 1.6) et « produise des œuvres justes » (Philippiens 1.11). Aucun agriculteur qui plante du maïs le lundi ne s'attend à manger des épis de maïs le dimanche suivant. De la semence à la récolte, il faut de l'entretien et du temps. L'eau et le soleil sont nécessaires, il faut appliquer des engrais et soigner les plantes si l'on veut profiter des avantages de la récolte.

Nous sommes dans la culture de l'instantané : café instantané, maïs soufflé au micro-ondes et Internet à haut débit. Dans les cafés, si l'ordinateur portable d'un client met plus de quelques secondes pour se connecter au Wi-Fi, le client insulte sur sa machine. On s'attend à ce que tout vienne tout de suite et cela rend tout le monde impatient. D'où est-ce que cela vient ? Je maintiens que cette tendance est alimentée par un désir plus profondément ancré de gratification instantanée, qui n'est pas un phénomène moderne : il existe depuis la nuit des temps dans l'espèce humaine. Bien que les Écritures saintes contiennent de nombreux exemples de ce virus mortel qu'est la gratification instantanée, Ésaü, qui est bien connu, est le plus tristement célèbre. Sa triste réputation a été établie après une longue journée de chasse infructueuse. Lorsqu'il est revenu à la maison, il était affamé. Son frère jumeau, Jacob, préparait un ragoût de lentilles rouges sur le feu. Ésaü demanda à manger. Toujours aussi calculateur, Jacob négocia un accord : « Alors vends-moi aujourd'hui-même ton droit de fils aîné. » (Genèse 25.31).

Le droit d'aînesse, ou droit du premier-né (également connu sous le nom de loi de primogéniture), était une règle de droit coutumier en matière d'héritage qui garantissait des privilèges financiers et l'autorité familiale à l'enfant mâle le plus âgé — une bénédiction prestigieuse et lucrative. Il était scandaleux que Jacob demande à Ésaü de vendre un bien aussi précieux pour un bol de soupe. La réponse d'Ésaü a été tout aussi scandaleuse : « Je vais mourir de faim, que m'importe mon droit d'aînesse ? » (25.32). Il était prêt à échanger son bien le plus précieux contre un moment de gratification instantanée — littéralement, un bol de haricots rouges.

L'ironie ne peut être ignorée. Quel genre de personne impulsive échangerait quelque chose d'une valeur infinie et inestimable pour un moment de gratification instantanée qui sera terminé dans quelques instants ? Pourtant, notre culture de la gratification instantanée fait cela tout le temps : il échange quelque chose d'une valeur infinie et inestimable contre quelque chose dont il sait qu'il vaut beaucoup moins — quelque chose de durable contre quelque chose d'éphémère. « Je sais ce que je veux, et je le veux là maintenant ! Je veux que mes appétits soient satisfaits, quelque soit le prix ! » Il n'est pas étonnant que l'auteur d'Hébreux assimile l'action d'Ésaü à une immoralité pécheresse « Qu'il n'y ait personne qui vive dans l'immoralité ou qui méprise les choses saintes, comme Ésaü qui, pour un simple repas, a vendu son droit d'aînesse. Vous savez que plus tard, lorsqu'il a voulu recevoir la bénédiction de son père, il a été rejeté, car il n'a trouvé aucun moyen d'amener son père à revenir sur ce qu'il avait fait, bien qu'il l'ait cherché en pleurant. » (Hébreux 12.16-17). C'est une leçon tragique, durement apprise, qui ne doit pas rester lettre morte. La discipline est nécessaire à la vie sanctifiée, et on ne peut pas court-circuiter le processus de la formation de disciple.

Tiger Woods est reconnu comme l'un des plus grands joueurs de golf de l'histoire. Quand j'étais jeune et que j'apprenais à jouer du golf, j'ai essayé d'imiter son style. J'ai même acheté des casquettes de golf Nike pour les porter comme Tiger le faisait, ainsi que putter avec la même confiance que Tiger (j'ai même acheté des bobs de golf pour les porter comme Tiger). Il n'y avait qu'un seul problème : Tiger s'entraînait pendant des heures chaque jour, et ce depuis qu'il commençait à marcher.[48] Même lorsqu'il est devenu le meilleur golfeur du monde, les initiés nous disent qu'il s'entraînait toujours plus dur que les autres. Je peux dire que je veux jouer au golf comme Tiger Woods, mais cela ne veut rien dire si mon engagement à pratiquer n'est pas à la hauteur de mon désir. La satisfaction instantanée ne suffira pas. Même si j'aimerais qu'il en soit autrement, mon jeu de golf est proportionnel à mon engagement à m'entraîner.

Parfois, les gens disent : « Je veux être comme telle ou telle sœur. Elle semble si proche de Dieu. Jésus transparaît en elle. C'est une sainte. » Il n'est pas mauvais de la considérer comme un bon exemple d'une personne semblable à Christ et de chercher à imiter son mode de vie, mais ce que vous ne savez peut-être pas, ce sont les heures interminables qu'elle passe seule avec le Seigneur en méditation et en prière, les dizaines d'années qu'elle a passées dans le domaine de la pratique spirituelle, pour devenir ce que vous voyez maintenant. Elle n'est pas arrivée là où elle en est en s'adonnant à la gratification instantanée. Les pratiques spirituelles ont formé en elle de saintes dispositions qui ressemblent maintenant à la vertu. Elle a gardé le fruit de l'Esprit, et c'est pourquoi l'amour, la joie, la paix, la patience, la bonté, la bienveillance et la maîtrise de soi semblent si évidents en elle.

La sainteté n'est pas un « abracadabra », et puis la vertu est acquise. Non : c'est ce dans quoi nous sommes formés. « La conversion est un don et un accomplissement. C'est l'acte d'un moment et le travail d'une vie. »[49] La patience pour la vision à long terme est ce qui est nécessaire pour le parcours de grâce. Nous devons cultiver le fruit.

Il semble juste de conclure un chapitre sur la grâce habilitante de Dieu par une prière pour la pureté, dite par les saints depuis plus de mille ans :

---

48. Woods est apparu dans une émission de télévision bien connue à l'âge de deux ans et a montré ses aptitudes au golf.

49. Jones, *Conversion*, quoted in Foster and Smith, *Devotional Classics*, 281.

Dieu Tout-Puissant, tous les cœurs te sont ouverts, tous les désirs sont connus, et aucun secret n'est caché par toi ; purifie les pensées de nos cœurs par l'inspiration de ton Esprit Saint, afin que nous puissions t'aimer parfaitement et magnifier dignement ton saint nom ; par le Christ notre Seigneur. Amen.[50]

---

50. *The Book of Common Prayer* (Cambridge: Cambridge University Press, n.d.), 97–98.

△
□
○

6
LA GRÂCE QUI NOUS SUFFIT

« Mais il m'a répondu : « Ma grâce te suffit, c'est dans la faiblesse que ma puissance se manifeste pleinement. »
— 2 Corinthiens 12.9

Nous avons commencé ce livre en disant que la grâce est personnelle, expérimentée et connue à travers la personne et l'œuvre de Jésus-Christ, manifestée en présence du Saint-Esprit. Comme l'a noté Thomas Langford, la grâce n'est pas connue dans l'abstrait comme un principe, « mais dans le don réel de Dieu dans l'histoire ».[1] En Jésus-Christ et en présence de l'Esprit, le renouveau de la vie humaine est vécu par la grâce qui cherche, qui sauve, qui sanctifie et qui soutient. Cette dernière expression biblique de la grâce est, pour moi, la plus mystérieuse de toutes.

Vous êtes-vous déjà demandé pourquoi ceux qui semblent avoir une vie facile peuvent sembler si éloignés de Dieu, alors que ceux qui traversent les eaux les plus profondes et doivent faire face aux plus grandes luttes personnelles ressentent souvent la proximité intime de Dieu ? À première vue, ces deux observations semblent

---

1. Thomas A. Langford, *Reflections on Grace* (Eugene, OR: Cascade Books, 2007), 107.

contre-intuitives. Il va de soi que ceux qui ont moins de problèmes seraient plus heureux et entourés d'une plus grande paix que ceux qui endurent de profondes souffrances, mais c'est souvent le contraire qui est vrai. Comment expliquer un tel paradoxe ?

Prier : « Que ta volonté soit faite sur la terre comme au ciel », c'est confesser que tout ce qui se passe dans le monde n'est pas la volonté de Dieu. Nous n'attribuons pas à Dieu quelque chose de mauvais. Chaque fois que nous le faisons, nous contestons le caractère de Dieu. Le troisième commandement interdit de prendre le nom de Dieu en vain, ce qui a moins à voir avec la malédiction qu'avec la représentation erronée de Dieu dans le monde. C'est une chose sérieuse que de nommer tout ce qui est mauvais comme venant de Dieu ou de nommer tout ce qui vient de Dieu comme étant mauvais. Néanmoins, il faut mentionner que, même si tout ce qui arrive n'est pas la volonté de Dieu, mais parce que notre Dieu est Tout-Puissant et aimant, Dieu a une volonté en tout, surtout en ce qui concerne ceux que Dieu prétend être siens et qui demeurent en Christ. L'Écriture nous rappelle que l'une des spécialités de Dieu est de racheter toutes choses, même lorsque l'intention a été de faire du mal. Joseph dit à ses frères jaloux : « Vous aviez projeté de me faire du mal, mais par ce que vous avez fait, Dieu a projeté de faire du bien en vue d'accomplir ce qui se réalise aujourd'hui, pour sauver la vie à un peuple nombreux. » (Genèse 50.20). Paul nous rappelle à nouveau : « Nous savons en outre que Dieu fait concourir toutes choses au bien de ceux qui l'aiment, de ceux qui ont été appelés conformément au plan divin. » (Romains 8.28). Joseph n'a pas dit que Dieu avait fait en sorte que ses frères le vendent comme esclave en Égypte ; il a dit que Dieu ne laisserait pas leurs mauvaises intentions avoir le dernier mot. Paul n'a pas dit que Dieu fait en sorte que de mauvaises choses arrivent à son peuple ; il a plutôt dit que Dieu est fidèle pour travailler en toute chose, bonne ou mauvaise, pour prendre ce qui semble n'être que destructeur et dévastateur et en faire une source de sainteté et de guérison. Ces Écritures expliquent pourquoi ceux qui, en Christ, sont confrontés aux plus grandes souffrances sont aussi ceux qui connaissent la plus grande paix. Il se passe quelque chose dans la vie d'un disciple de Jésus pleinement consacré qui, dans le parcours de grâce, traverse des circonstances difficiles et des situations exigeantes. Ils font l'expérience de la grâce suffisante de Dieu dans leur faiblesse pour les soutenir et leur fournir ce qui est nécessaire dans leurs plus grandes luttes.

La force rendue parfaite dans la faiblesse

L'apôtre Paul a parlé de la grâce suffisante dans le contexte de sa deuxième lettre à l'église du premier siècle à Corinthe. Selon Paul, quatorze ans avant d'écrire sa lettre aux Corinthiens, il a reçu une vision de Dieu où il « a été enlevé au troisième ciel » (2 Corinthiens 12.2). La plupart des biblistes ne croient pas que Paul suggérait qu'il existe plusieurs niveaux de ciel, mais qu'il décrivait une révélation dépassant la capacité humaine ordinaire de voir et qu'il était capable, par l'inspiration de l'Esprit, de percevoir quelque chose au-delà du domaine physique. Son but était de leur dire, ainsi qu'à nous, qu'il avait pu rencontrer la présence de Dieu, qu'il avait vu le Christ ressuscité et qu'il ne serait plus jamais le même — cela avait changé sa vie.[2]

Une telle expérience euphorique peut susciter une fierté et une vantardise spirituelles. Conscient du danger potentiel, et pour éviter de tomber dans une vanité impie, Paul ajoute qu'il a reçu une « écharde » (12. 7). Ni l'origine ni les détails de cette écharde ne sont entièrement clairs. Nous ne savons pas si le problème était physique,

---

2. Douglas Ward, "The 'Third Heaven,'" *The Voice: Biblical and Theological Resources for Growing Christians*, 2018, https://www.crivoice.org/thirdheaven.html. De nombreux chercheurs soutiennent que la vision décrite par Paul dans 2 Corinthiens est une référence à sa rencontre avec le Christ ressuscité sur le chemin de Damas.

émotionnel ou relationnel.[3] Ce qui est clair, c'est qu'elle est devenue un fardeau si lourd pour Paul qu'il la disait « [venue] de Satan qui a été chargé de [le] frapper » et lui rappeler sa fragilité (12.7). Il a supplié Dieu de l'enlever, de lui ôter sa déficience et ainsi, semble-t-il, de faire de lui un guide plus fort et meilleur pour l'Église. Avant de donner plus de détails sur l'écharde, rappelons-nous que Paul était un homme fort. Il n'était pas un lâche spirituel. Dans une autre circonstance, Paul décrit de façon détaillée ses souffrances d'apôtre :

> « Car j'ai travaillé davantage, j'ai été plus souvent en prison, j'ai essuyé infiniment plus de coups ; plus souvent, j'ai vu la mort de près. Cinq fois, j'ai reçu des Juifs les « quarante coups moins un ». Trois fois, j'ai été fouetté, une fois lapidé, j'ai vécu trois naufrages, j'ai passé un jour et une nuit dans la mer. Souvent en voyage, j'ai été en danger au passage des fleuves, en danger dans des régions infestées de brigands, en danger à cause des Juifs, mes compatriotes, en danger à cause des païens, en danger dans les villes, en danger dans les contrées désertes, en danger sur la mer, en danger à cause des faux frères. J'ai connu bien des travaux et des peines, de nombreuses nuits blanches, la faim et la soif, de nombreux jeûnes, le froid et le manque d'habits. »[4]

Sans parler de la pression et de l'anxiété permanentes que suscitent les problèmes des églises et des membres d'église insupportables !

Relisez la liste des épreuves de Paul. Il a enduré tout cela et sans doute plus encore (des morsures de serpent me viennent à l'esprit). Convenez-vous à présent avec moi que Paul n'était ni une fleur délicate ni un pleurnichard ? Cela nous amène à supposer que, quelle qu'ait été l'écharde, ce n'était pas une chose insignifiante pour Paul. Pas moins de trois fois, précise Paul, il a appelé Dieu à enlever l'écharde (une

---

3. Certains ont émis l'hypothèse que l'écharde de Paul était physique : une maladie de peau, un problème de vision aigu, ou de l'épilepsie. D'autres ont suggéré qu'il s'agissait d'un souvenir de son passé de persécuteur de l'Église et des difficultés relationnelles qui pouvaient en découler avec les juifs chrétiens.

4. Peterson, *Le Message,* 2 Corinthiens 11.23–27.

façon biblique de dire : « Je n'arrêtais pas de demander »). Paul nous fait prendre conscience qu'il était dans de beaux draps. Il portait un fardeau qui l'écrasait, et il se sentait crouler sous le poids. Ce n'était pas insignifiant aux yeux de Paul, et il priait pour en être délivré. Paul ne s'attendait pas à cette réponse de la part de Dieu. Non, Paul, tu vas garder l'écharde, mais sache ceci : « Ma grâce te suffit, c'est dans la faiblesse que ma puissance se manifeste pleinement. » (2 Corinthiens 12.9). Tu es plus fort dans tes moments de faiblesse lorsque je suis avec toi que dans tes moments de force sans moi. C'est dans ta faiblesse que ma puissance se manifeste pleinement.

Porté dans des bras divins

La grâce suffisante est la façon dont le Seigneur nous dit : « *Quand vous viendrez à bout de vos forces humaines, je vous donnerai ma force surnaturelle. Quand votre énergie s'épuisera, mon énergie sera rendue vivante en vous. Lorsque vous serez incapable d'aller plus loin, je vous prendrai et vous porterai. Repose-toi dans mes bras un moment.* »

Il existe une parabole poétique moderne et bien connue appelée « Je te portais ».

Comme je marchais sur la plage au soir de ma vie, je me suis retourné, et j'ai vu sur le sable l'empreinte de mes pas. Chaque pas était un jour de ma vie et ils étaient tous là. Je les ai tous comptés et reconnus. ... Du plus loin que j'ai vu, à coté de mes traces s'imprégnait une trace jumelle. C'étaient les pas de Dieu marchant à mes côtés, Comme il me l'avait promis tout au long de ma vie ; et comme je regardais ce long ruban de nos traces parallèles, il me sembla voir qu'à certains endroits il se rétrécissait et que seule une empreinte se lisait sur le sable. C'était l'empreinte des jours les plus noirs, ces jours de larmes et de deuil, ces jours où l'on se sent souvent très seul et abandonné ; jours d'angoisse et de mauvais vouloir aussi ; jour d'épreuves et de doute.

Jours intenables ... jours où moi aussi j'avais été intenable. Alors, me tournant vers le Seigneur, j'osai lui faire des reproches : « Tu nous as pourtant promis d'être avec nous tous les jours ! Seigneur où étais-tu lorsque j'ai tant pleuré ? Pourquoi ne marchais-tu pas à mes cotés ? »

Et le Seigneur m'a répondu : « Mon enfant bien-aimé, les jours où tu ne vois qu'une trace sur le sable, ce sont les jours où je te portais. »

Si on mettait la grâce qui cherche sous forme d'image, cela ressemblerait à un berger en quête, à un père en attente, à un baiser de réveil. Si la grâce qui sauve était une image, elle ressemblerait à une étreinte, à une adoption, à une réconciliation. Si la grâce suffisante était une image, elle ressemblerait à une personne portée dans les bras divins.

« Je te portais » est plus qu'une parabole, c'est l'histoire de la vie réelle que j'ai entendue à maintes reprises. Au cours de mes années de pasteur, il y avait des gens dans mes congrégations qui connaissaient une souffrance aiguë et un chagrin proche de l'agonie — certains étaient si gravement affectés que je me demandais comment ils avaient la force de sortir du lit le matin ; des gens si loin au bout du rouleau, pour reprendre la phrase d'Eugene Peterson, que « je pouvais sentir leur désespoir dans mes os ».

Puis je les entendais dire : « Pasteur, je ne peux pas l'expliquer. C'est incroyable ! Je sais que je devrais être écrasé par ces différentes situations, mais je me sens — et ils utiliseraient ces mêmes mots — « comme porté. Je suis profondément attristé par cette perte, cette maladie, cette mort, cette trahison, et je devrais être en plein effondrement, toutefois, il y a une paix qui enveloppe mon esprit et un repos qui parcourt mon âme : c'est inexplicable. La seule façon dont je peux le décrire est que c'est comme être tenu, par grâce, dans des bras éternels ». Une seule paire d'empreintes : la grâce suffisante.

S'il y a une chose que j'ai découverte en matière de souffrance, c'est que la grâce suffisante reste une réalité intellectuelle jusqu'à ce que nous en ayons le plus besoin. On peut savoir quelque chose qui reste au niveau de la tête et ne descend jamais dans le cœur. Le fait de l'expérimenter, d'être soutenu par elle, d'être porté, est indéfinissable — on ne peut que la supporter réellement. C'est une grâce suffisante. Il n'y a pas longtemps, je parlais à un ami qui m'a dit : « Je ne sais pas ce que je ferais si je perdais un de mes enfants. Je n'aurais pas la force de continuer. »

Je lui ai répondu : « Tu as raison. Tu n'as pas la force en ce moment parce que la situation ne se présente pas devant toi. J'espère que tu n'auras jamais à le faire, mais si jamais ça arrivait, il y aurait une provision de grâce suffisante. »

« Juste ce qu'il faut » de grâce

Une grâce suffisante est tout ce dont vous avez besoin pour aujourd'hui. C'est un don quotidien de « juste ce qu'il faut ». C'est comme la manne dans le désert. Le peuple de Dieu voyage à travers le désert. Il y avait très peu de nourriture, et, à moins que Dieu n'y pourvoie, ils allaient mourir de faim, alors Dieu leur a fait un don. Il a fait pleuvoir du pain du ciel. Chaque matin, quand le peuple se réveillait, il était à terre devant leurs tentes, frais pour ce jour-là. Ils n'ont pas lutté pour cela, n'ont pas travaillé pour cela et n'ont pas payé pour cela. La manne était là comme un don venu de la main de Dieu. Tout ce qu'ils avaient à faire, c'était de la recueillir et de la préparer. La seule condition était qu'ils ne pouvaient pas la conserver. Ils ne pouvaient pas mettre des pâtisseries sucrées dans une boîte de conserve et les stocker pour les jours de pluie. Ils ne pouvaient pas cacher la manne sous leur matelas au cas où Dieu ne viendrait pas le lendemain ; s'ils essayaient, ça tournerait mal. Elle deviendrait véreuse et pourrie, et se transformerait en appât à poisson. Il leur suffisait de croire que Dieu leur fournirait tout ce dont ils avaient besoin aujourd'hui, et de croire que Dieu ferait de même demain. Ses bontés se renouvellent chaque matin.

C'est à cela que ressemble la grâce suffisante. Elle ne peut être stockée pour le lendemain. Elle est suffisante pour aujourd'hui. Dieu nous donne tout ce dont nous avons besoin aujourd'hui, et c'est juste. Demain se suffira à lui-même. C'est la grâce « tout ce dont vous avez besoin, je suis » qui nous porte lorsque nous ne pouvons pas aller plus loin. Pas étonnant que Paul ait déclaré avec assurance : « C'est pourquoi je me vanterai plutôt de mes faiblesses, afin que la puissance du Christ repose sur moi. Je trouve ainsi ma joie dans la faiblesse, les insultes, la détresse, les persécutions et les angoisses que j'endure pour le Christ. Car c'est lorsque je suis faible que je suis réellement fort. » (2 Corinthiens 12.9-10).

La grâce qui agrippe

Il y a quelques années, un pasteur a vu après l'église un homme avec une broche de bouledogue sur le revers de son costume. Ne sachant pas que l'homme travaillait pour une entreprise de camionnage dont le logo était un bouledogue, il a naïvement demandé : « Que symbolise ce bouledogue ?

Avec un clignement d'œil, l'homme a répondu malicieusement : « Eh bien, pasteur, le bouledogue symbolise la ténacité avec laquelle je m'accroche à Jésus-Christ. »

Le pasteur répondit : « C'est un symbole merveilleux, mais une mauvaise théologie. Surpris, l'homme demanda : « Que voulez-vous dire ? »

« Il ne devrait pas symboliser la ténacité avec laquelle vous vous accrochez à Jésus-Christ, fit observer le pasteur. Il devrait représenter la ténacité avec laquelle Jésus-Christ s'accroche à vous. »

La foi dans les moments difficiles n'est pas une question de force ou de mesure de foi que nous avons. La foi dans les moments les plus sombres est en fait une question de force de Dieu. Peu importe ce que nous rencontrons sur le chemin, la grâce de Dieu est suffisante pour nous maintenir debout, et son amour est assez fort pour nous tirer à travers elle. Rappelons-nous que le « quoi qu'il arrive » de la vie signifie que Jésus Christ s'agrippe à nous avec la ténacité d'un bouledogue et ne nous laissera jamais partir.

Une femme dans une église dont je suis le pasteur est soudainement tombée très malade. Les médecins lui ont fait faire une série d'examens pour voir ce qui n'allait pas. Ils ont découvert qu'elle souffrait d'une maladie rare qui provoquait chez son corps de graves réactions allergiques à tout aliment qu'elle consommait. Cette maladie s'est aggravée jusqu'à, devenir presque mortelle. Pendant ce temps, son mari a été déployé en Afghanistan pour servir dans l'armée. Elle a finalement été hospitalisée et a dû passer un test médical qui, selon eux, allait la plonger dans une violente réaction allergique qui l'aurait temporairement empêchée de respirer. Personne ne se réjouit d'une réaction si violente, surtout quand on sait qu'elle est imminente. Elle m'a dit : « Pasteur, j'ai eu si peur que j'étais à la limite de la panique. J'étais allongée sur le lit d'hôpital, en train de m'apitoyer sur mon sort à cause de que j'étais sur le point d'endurer, et je me demandais pourquoi tout cela m'arrivait. Pour couronner le tout, j'étais bouleversée que mon mari soit à des milliers de kilomètres. J'avais peur et je me sentais très seule. »

Le moment du test est arrivé. Elle était terrifiée : « Je sais maintenant ce que signifie l'expression « avoir une peur bleue ». J'étais tétanisée et je n'arrivais même pas à prier. Jamais auparavant je n'avais été incapable de prier. La seule prière que je pouvais faire était : « Dieu, viens à mon secours. »

Elle s'est tournée vers l'infirmière qui allait lui faire passer le test et lui a demandé : « Êtes-vous chrétienne ? »

« Oui, je le suis », répondit l'infirmière.

« Voulez-vous prier pour moi ? »

L'infirmière répondit sans hésiter : « Bien sûr », et elle fit une simple prière pour qu'elle soit réconfortée et obtienne sa guérison.

Mon amie m'a dit plus tard : «Pendant qu'elle priait, j'ai eu une paix incroyable. C'était presque comme si Dieu avait posé ses mains sur moi et m'avait fait monter dans sa présence» (oui, elle a utilisé ces termes). «Je savais que Dieu était avec moi, et soudain la peur m'a quittée».

Ils lui ont fait passer le test, et à la stupéfaction de tous, elle n'a pas eu de réaction violente. «Pasteur, j'ai soudain senti cette source de joie monter en moi. C'était une joie exubérante. Si j'avais pu danser dans toute la pièce, je l'aurais fait!»

À ce moment précis, son infirmière a enlevé le gilet anti-radiations qu'elle portait, et une grande croix pendante était suspendue autour de son cou.

Maintenant, les larmes aux yeux, mon amie m'a dit : «C'est à ce moment que j'ai compris que Dieu était avec moi tout ce temps, mais je ne pouvais pas le voir. Je ne pouvais pas sentir sa présence, mais il était là. Il était là depuis le début. Même si mon mari était en Afghanistan, j'étais toujours l'épouse du Christ. Jésus était mon mari à ce moment-là, il se tenait à mes côtés et me portait.»

Tout au long du parcours de grâce, la grâce suffisante de Dieu nous maintient de diverses manières, mais l'une des plus importantes est à travers le corps de Christ. Nous ne devrions pas être surpris que, lorsque nous avons prié pour que Dieu se révèle dans notre douleur, cela se soit fait sous la forme d'une carte ou d'un appel téléphonique d'une personne de notre église disant : «Je t'aime. Je prie pour toi. Le Seigneur est avec toi.» Nous entrons parfois dans la communauté de l'Église en portant ce qui semble être des fardeaux insupportables, et un frère ou une sœur en Christ met ses bras autour de nous et dit : «Tu as beaucoup occupé mes pensées ces derniers temps. Je veux que tu saches que tu es aimé(e) et que quelqu'un prie pour toi.» Et, le comble des miracles, la présence incarnée de Jésus nous entoure, presque comme s'il s'agrippait à nous en ce moment tel un boule-dogue, nous portant à travers les moments les plus sombres de notre vie.

Quand l'une de mes filles était petite, elle avait peur du noir. Ma femme et moi la mettions au lit et lui disions : « N'aie pas peur. Jésus est ici avec toi. »

Elle répondait : « D'accord, maman et papa. Je n'aurai pas peur. » Cependant, on n'a pas tardé à entendre frapper à la porte de notre chambre. « Maman et papa, je sais que Jésus est avec moi, mais j'ai besoin de quelqu'un qui vous ressemble. »

Elle avait raison. Parfois, nous avons besoin de quelqu'un qui nous ressemble. C'est ce qu'est le corps de Christ : la communauté chrétienne est la représentation de Jésus en chair et en os. À travers la chaleur corporelle des personnes, remplies de sa compassion sans limite et de son amour durable, nous sommes embrassés et soutenus par Dieu.

Endurance, caractère et espérance

La douleur et la souffrance sont des choses que nous voulons gé-néralement éviter. Il n'y a pas de mal à désirer le confort et la santé. Mais nous savons aussi que nous pouvons trouver la joie, et même l'espérance, dans les saisons douloureuses et pénibles, car nous sa-vons que la puissance de Jésus se manifeste pleinement dans notre faiblesse. Dans une autre lettre adressée aux chrétiens du premier siècle vivant à Rome, Paul dit : « Nous tirons fierté même de nos dé-tresses, car nous savons que la détresse produit la persévérance, la persévérance conduit à la victoire dans l'épreuve, et la victoire dans l'épreuve nourrit l'espérance. Or, notre espérance ne risque pas d'être déçue, car Dieu a versé son amour dans nos cœurs par l'Esprit Saint qu'il nous a donné. » (Romains 5.3-5). Une fois de plus, Paul assimile la vertu et la formation du caractère à la ressemblance du Christ.

Tout d'abord, la souffrance produit l'endurance. Les problèmes, la pression et les épreuves ne sont pas le produit du hasard et qui n'ont aucune incidence sur notre objectif final (*telos*), à savoir devenir semblable à Christ. Dans la langue originale du Nouveau Testament, « endurance » est le mot *hypomone*, qui signifie tenir fermement, quoi qu'il arrive, même lorsque les pressions de la vie déferlent sur nous. Les difficultés produisent de l'endurance, et l'endurance est la qualité qui traduit par la phrase suivante : « Je n'abandonnerai pas, quoi qu'il arrive ». C'est un peu comme courir sur une longue distance. Vos jambes sont lourdes, vos poumons veulent lâcher, votre cœur croit qu'il va exploser, et vous voulez vraiment tout arrêter. Cependant, vous êtes conscient que vous devez poursuivre la course parce que, au moment même où vous pensez arrêter, vous bénéficiez d'une meilleure forme physique. C'est ce qu'on appelle *hypomone* : endurance au cœur de l'épreuve. Nous pouvons nous réjouir de nos problèmes et de nos épreuves en sachant que les pressions, et même les souffrances, de la vie produisent l'endurance et la persévérance.

Deuxièmement, l'endurance produit le caractère. Le mot grec *dokime* désignait à l'origine un métal qui a été affiné et dont toutes les impuretés ont été éliminées. Les problèmes et les épreuves produisent l'endurance, et l'endurance produit la force de caractère. À tous les niveaux de la société, le caractère est aujourd'hui désespérément nécessaire. Richard John Neuhaus insiste sur ce point : « Le fait que nous soyons des êtres nouveaux en Christ est un don de Dieu ; la construction du caractère est l'actualisation de ce don. C'est un processus laborieux pour manifester ce que nous sommes déjà en Christ. Il exige le respect des expériences quotidiennes, des aspects quotidiens, du pèlerinage du chrétien. »[5] Neuhaus conclut de façon catégorique : « Le caractère implique le courage et la grâce de vivre

---

5. Richard John Neuhaus, *Freedom for Ministry* (Grand Rapids: Eerdmans, 1979), 90.

une vie de confort dans un monde où les besoins sont largement in-
satisfaits. »[6] On ne reçoit pas la force de caractère par procuration. Le
fait d'être capable de résister aux épreuves de la vie réelle produit de
l'endurance, et l'endurance, lorsqu'elle est rendue juste, produit l'intégrité et la profondeur de caractère.

Enfin, le caractère produit l'espérance. L'espérance est la conviction calme et certaine que Dieu est avec nous. L'espérance est l'attente confiante que, quoi que l'avenir nous réserve, notre compagnon
de route est le maître de l'avenir. Le problème central de notre époque
n'est pas le trop plein de stress, mais le trop peu d'espérance. En effet,
Thomas Langford le dit bien : « L'espérance ne s'en remet pas à l'avenir ; elle remodèle la compréhension du passé et détermine la vie dans
le présent. Nous vivons transformés dans et par l'espérance. »[7]

Nous pouvons utiliser une illustration pour clarifier ces propos.[8]
Imaginez une pièce remplie de lycéens. Vous vous tournez vers la personne à votre gauche et demandez : « Quel est votre état d'esprit à
votre dernière année de lycée ? »

L'élève répond : « Je ne vais pas très bien. J'ai échoué dans plusieurs
matières, et si j'échoue encore à une épreuve, je n'obtiendrai pas mon
diplôme. Je vais devoir redoubler ma dernière année. »

Vous demandez à nouveau : « Quelles sont vos perspectives
d'avenir ? »

« Eh bien, j'espère obtenir mon diplôme en mai, puis j'essaierai
d'entrer dans un community college à l'automne. »

Ensuite, vous vous tournez vers l'élève de droite et lui posez la
même question. « Quel est votre état d'esprit en dernière année ? »

« Je m'en sors plutôt bien », répond-elle.

---

6. Neuhaus, *Freedom for Ministry*, 88.
7. Langford, *Reflections on Grace*, 107.
8. J'ai entendu cette illustration dans un sermon prêché par le révérend Dr Thomas
Tewell dans les années 1990, intitulé "La ténacité d'un bouledogue".

« Pensez-vous aller à l'Université ? »

« Absolument ! J'ai déjà été acceptée à l'Université de Harvard. J'attends toujours des nouvelles de Princeton, Stanford et du MIT, mais j'ai bon espoir. »

« Vous devez être une très bonne élève ! Pourriez-vous me dire quel rang vous occupez dans votre classe ? »

« Sur 600 élèves, je suis deuxième de ma classe, avec une moyenne de 4,3 points. »

« Ouah ! C'est impressionnant ! Pourriez-vous me dire comment vous avez réussi votre SAT ? »

« J'ai eu 780 en maths et 760 en langues pour un total de 1540. » (800 est un excellent résultat toutes catégories confondues).

« C'est presque exactement les notes que j'ai obtenues à mon SAT », ajoutez-vous ironiquement. « Quelles sont vos perspectives d'avenir ? »

« Eh bien, j'espère obtenir mon diplôme en mai et ensuite aller dans une de ces Universités pour devenir chercheur scientifique. »

Vous pensez : « espère obtenir mon diplôme ? » Cette jeune femme a réussi ! Il n'y a aucun doute là-dessus !

Voyez-vous la différence ? Le premier élève espérait contre toute espérance ; tandis que la seconde élève espérait avec une confiance certaine que cela allait se produire. Une telle espérance n'est pas reportée à l'avenir. Elle remodèle la compréhension du passé et détermine la vie dans le présent. C'est de cette manière-là que sommes transformés dans et par l'espérance. . Les gens disent parfois : « J'espère que Dieu m'aime. J'espère que Dieu ne me tourne pas le dos. J'espère que Dieu ne m'abandonne pas quand je suis dans l'impasse. J'espère que Dieu me maintienne et me fortifie dans mes heures les plus sombres. » L'espérance chrétienne est fondée sur l'amour passé, présent et futur de la croix de Jésus-Christ et sur la puissance vivifiante de Sa résurrection. Cette espérance ne nous déçoit pas (Romains 5.5).

Nous sommes sous la forte emprise de la grâce suffisante de Dieu. Il s'agrippe à nous avec la ténacité d'un bouledogue.

Je remets mon esprit entre tes mains

Ce n'est pas un hasard si j'ai écrit ce chapitre pendant la pandémie de COVID-19, une période de grande incertitude et de profonde souffrance. Le Samedi saint, la veille de Pâques, se veut un moment de réflexion tranquille au sujet de la mort de Jésus et de son passage dans l'obscurité d'un tombeau. L'un des textes du Lectionnaire pour cette journée, le Psaume 31, contient les mots que Jésus a prononcés à la croix avant d'expirer : « Père, je remets mon esprit entre tes mains. » (Luc 23.46). Jésus a directement cité le psaume 31.5, en ajoutant seulement le mot *Abba* (« Père ») à sa prière.

Parmi les nombreuses leçons à tirer de cette prière de Jésus, celle qui me frappe dans le désert de COVID-19 est qu'il y a une grande différence entre une vie qui est prise et une vie qui est donnée. Jésus l'a clairement exprimé dans l'Évangile de Jean : « Personne ne peut m'ôter la vie. Je la donne de mon propre gré. » (10.18). Il donne sa vie librement et de son plein gré. La mort de Jésus sur la croix n'était pas une fin tragique en vue d'une vie prometteuse ou la déception d'une mission ratée. C'était le dessein divin depuis le début. La croix était le plan cosmique de Dieu pour nous sauver des ténèbres et de l'emprise de la mort qu'avaient les principautés et les pouvoirs sur nous. Ainsi, le sacrifice de Jésus ne lui a pas été imposé, il l'a volontairement accepté à cause de nous. Il savait qu'il était entre les mains de Dieu, de sorte qu'il pouvait dire : « je donne ma vie ; mais ensuite, je la reprendrai. » (10.17).

Cela devrait nous inciter à nous demander : notre vie est-elle donnée ou prise ? Il y a une grande différence entre les deux, principalement en ce qui concerne la question de la confiance. « Père, je remets mon esprit entre tes mains » signifie que nous avons confiance que notre vie est donnée pour quelque chose de plus grand et de plus beau que ce que nous pourrions jamais accomplir en dehors de notre Père céleste. Le fait que Jésus ait fait cette prière au cœur même de la souffrance la plus élevée de Sa vie, nous indique qu'il la faisait déjà depuis longtemps, y compris les prières d'agonie qu'il a faites dans le jardin de Gethsémani. « Entre tes mains » est une prière d'abandon total car, au fond, c'est une déclaration selon laquelle nous nous retirons des mains d'autres personnes et circonstances, y compris de nos propres projets et objectifs, et remettons volontairement notre vie entre les mains de Dieu. Dans un sens puissant, elle redéfinit et réinvente les expériences de notre vie comme étant soit le fait de laisser les choses nous arriver, soit le fait de nous mettre sous la protection de Dieu pour ordonner nos pas. L'une de ces expressions consiste à se faire arracher quelque chose, et l'autre à le déposer à terre. Il peut s'agir d'une perte ou d'une cession.

Jésus nous fait découvrir le pouvoir choquant du sacrifice. Il nous montre qu'en nous abandonnant à Dieu, nous sommes capables de transformer quelque chose qui cherche le monde entier comme une perte en quelque chose qui est pour le monde entier un gain. Quand Frederick Buechner dit : « Sacrifier quelque chose, c'est le rendre saint en le donnant par amour », il veut dire que même si quelqu'un essaie de nous l'arracher, même si cela semble hors de notre contrôle, nous pouvons toujours décider comment nous allons le laisser partir.[9] Nous pouvons toujours ouvrir nos mains au dernier moment et donner ce que les autres pensaient nous être ôté et ce que les circonstances semblaient nous voler. Nous pouvons le rendre saint en le faisant par amour, en l'abandonnant à Dieu.

Dans l'expérience surréaliste de la pandémie de COVID-19, alors que les jours devenaient des semaines, il était facile de sentir que quelque chose nous était enlevé. Nous étions effrayés, en colère,

---

9. Frederick Buechner, *Wishful Thinking: A Seeker's ABC* (New York: HarperOne, 1973), 10

incertains et nous sortions de nos zones de confort. Nous devions faire un choix. Nous aurions pu jouer la victime et dire : « On m'a pris quelque chose », ou nous aurions pu l'abandonner à Dieu et dire : « Père, je remets mon esprit entre tes mains. Nous nous abandonnons à tes projets et à tes objectifs. Nos vies ne nous appartiennent pas. Nous les abandonnons parce que nous t'appartenons et nous les abandonnons par amour pour que tu puisses les sanctifier. » Cela requiert une certaine confiance de notre part, mais la récompense est la paix absolue de savoir que nos vies ont glorifié Dieu, que nos vies ne sont pas une suite de hasards aléatoires ou des défaillances nerveuses mais que nos jours sont entre Ses mains. En effet, même au milieu de notre souffrance, nous demeurons dans ses bras. Même une pandémie mondiale ne peut dicter le but et le sens de notre vie. Personne ne nous ôte la vie, nous la donnons. C'est la réalité de notre espérance.

La grâce de la lamentation

La grâce suffisante n'exclut pas toutes nos craintes et nos doutes. Il est impossible de les contourner : même dans l'espérance, il y a place pour les interrogations. Il est possible d'avoir la foi même lorsqu'il y a plus de questions que de réponses. Il est à la fois possible de pleurer et de garder espoir. Non seulement c'est possible, mais c'est aussi biblique. C'est de la lamentation. Sur les 150 psaumes du livre de prières que nous appelons le Psautier, il existe différentes variétés de psaumes, parmi lesquelles les psaumes d'action de grâce les psaumes royaux, les psaumes de montée, les psaumes de lamentation et même les psaumes d'imprécation (prières que nous faisons lorsque nous sommes en colère). Les psaumes, qui sont la Parole inspirée de Dieu, nous montrent comment prier dans toutes les situations possibles de la vie.

Les psaumes d'action de grâces sont les prières de louange que nous offrons lorsque la vie est bien ordonnée et que nous semblons particulièrement proches de Dieu. Les psaumes de lamentation, en revanche, sont les prières que nous adressons à Dieu dans notre douleur, lorsque la vie est dure et instable, sans issue. Les deux principaux thèmes de la lamentation sont : « Pourquoi cela arrive-t-il ? » et « Combien de temps cela va-t-il durer ? » Non seulement Dieu permet ce genre de questions, mais il est également intéressant de noter que 70 % des psaumes bibliques sont des prières de douleur, et non de louange — de lamentations, et non de célébration. Jésus lui-même a fait une prière de lamentation (Psaume 22) pendant sa souffrance sur la croix.

La caractéristique de la lamentation n'est pas le doute mais une confiance profondément enracinée dans la fidélité de Dieu. Si la lamentation peut commencer comme un cri de désespoir, son trait distinctif principal est la confiance profonde dans la nature, le caractère et la puissance de Dieu qui est présent, participant et attentif aux ténèbres, à la faiblesse et à la souffrance de la vie. La lamentation est la démonstration d'une dépendance totale et d'un abandon total à un Dieu qui peut sembler distant mais qui n'est jamais absent.

J'ai un ami qui a été diagnostiqué avec une forme rare de cancer. En raison de la rareté de la maladie, ses médecins essaient diverses formes de thérapie, dont beaucoup sont expérimentales. Malheureusement, malgré les meilleurs soins et la science disponibles, le cancer a continué à se propager dans son corps. Un jour, après un autre mauvais rapport, sa femme a publié ce témoignage sur Facebook : « Alors que les options de traitement médical diminuent, la réalité de la présence de Dieu augmente. » Je ne connais pas de plus belle expression de lamentation juste et d'espérance dans la grâce suffisante de Dieu.

Nous sommes plus forts dans nos moments les plus sombres lorsque le Seigneur est avec nous, que dans nos moments les plus radieux sans lui. Nous avons cette assurance dans le parcours de grâce : sa puissance se manifeste pleinement dans notre faiblesse. C'est une espérance infaillible. Nous laisserons à Pierre le dernier mot sur la grâce suffisante : « Mais quand vous aurez souffert un peu de temps, Dieu, l'auteur de toute grâce, qui vous a appelés à connaître sa gloire éternelle dans l'union à Jésus-Christ, vous rétablira lui-même ; il vous affermira, vous fortifiera et vous rendra inébranlables. » (1 Pierre 5.10)

POSTFACE: JÉSUS-CHRIST EST SEIGNEUR

Une vie totalement consacrée à Dieu a plus de valeur
pour lui que cent vies qui ont simplement été
éveillées par son Esprit.
— *Oswald Chambers*

Tant de choses ont changé au cours du siècle dernier. Imaginez que vous soyez né en 1920 et que vous soyez encore en vie en 2020. En un seul siècle, le contexte culturel dans toutes les régions du monde est passé de l'industrie à l'information (de Gutenberg à Google), de la campagne à la ville, et de la pensée moderne à la pensée postmoderne. Il s'agit là de changements culturels tectoniques qui sont restés inchangés au cours des cinq cents dernières années. Ce qui avait été un environnement de changement continu (ce qui est développé à partir de ce qui a précédé et qui peut donc être attendu, anticipé et géré) pendant un demi-millénaire est rapidement passé à une situation de changement rapide et discontinu qui a été perturbatrice et imprévue.[1] Nous sommes en terrain inconnu pour la plupart.

---

1. Alan J. Roxburgh, *The Missional Leader: Equipping Your Church to Reach a Changing World* (Equiper votre église pour toucher un monde en mutation) (San Francisco:

Ces changements qui ébranlent les fondations ont généré de nouvelles situations qui remettent en question les anciens présupposés sur la façon dont le monde fonctionne. En conséquence, l'ecclésiologie (la nature et la structure de l'Église) et la missiologie (comment l'Église s'engage dans la mission de Dieu) sont devenues par nécessité très adaptables sans être compromises. Toutefois, à des égards importants, ce qui reste constant en cette époque de changement rapide et discontinu, c'est le principe éternel selon lequel Jésus est le Chemin, la Vérité et la Vie — ou, selon les termes de la première confession chrétienne : « Jésus-Christ est Seigneur ».

Celui que nous considérons comme « Seigneur » est une base essentielle pour le parcours de grâce. Si nous disons : « [remplir l'espace] est « Seigneur » (et peu importe que ce soit une autre personne, une autre chose ou soi-même), cela change tout le récit, y compris le but ultime et le résultat final. Mais si nous croyons vraiment que Jésus-Christ est Seigneur, ordonné pour l'éternité, il n'y a qu'une seule réponse légitime : le discipulat. Richard John Neuhaus nous rappelle que la seigneurie est « non seulement une affirmation de fait, mais un gage d'allégeance personnelle et communautaire.»[2] Parce que Jésus-Christ est Seigneur, nous voulons être comme lui. Nous voulons faire ce que Jésus a fait et vivre comme il a vécu. C'est la définition du discipulat chrétien et c'est toujours la façon dont Jésus fait son entrée dans son Église.

Dallas Willard présente l'argument convaincant selon lequel le Nouveau Testament est un recueil de livres sur les disciples, par les disciples, et pour les disciples de Jésus-Christ.[3] Ainsi, le but de la vie

---

Josey Bass, 2006), 7.

2. Neuhaus, *Freedom for Ministry*, 98.

3. Willard, *The Great Omission (La Grande Omission)*, 3. Willard répète que le terme « disciple » apparaît 269 fois dans le Nouveau Testament, tandis qu'on retrouve le mot « chrétien » trois fois et est introduit pour désigner précisément les disciples de Jésus à Antioche (voir Actes 11.26).

de disciple n'est pas l'accomplissement de soi (« Je dois trouver ma
véritable personnalité et ce qui me sied le mieux ») ou la résignation
aux forces du déterminisme (« Je n'y peux rien ; c'est comme ça que
je suis. »). En fait, dans la perspective du christianisme, être fidèle à
soi-même, c'est être fidèle au moi que Dieu le Père nous appelle à être,
restauré à l'image de son Fils. Suivre Jésus et refléter son image est
l'objectif non apologétique du parcours de grâce. L'évangéliste Jean
s'efforce de nous faire comprendre que Jésus ressemble à son Père et
agit comme lui : « Celui qui m'a vu, a vu le Père » (14.9), et que celui
qui est la Parole est devenu homme et il a vécu parmi nous. Nous
avons contemplé sa gloire, la gloire du Fils unique envoyé par son
Père : plénitude de grâce et de vérité ! (1.14). La personne de Jésus et
ses œuvres sont les deux faces d'une même médaille, une réalité qui
soulève des points importants pour la nature de notre discipulat.

Contrairement à la pensée populaire, Dieu n'est pas un vieil
homme sentimental avec une longue barbe blanche qui agite la main
avec mépris et dit : « Peu importe ce qu'ils font, je veux juste que les
enfants s'amusent et prennent du bon temps. » Dieu n'est pas non plus
le Père courroucé, dur et colérique qui n'est pas là à attendre que ses
enfants fassent des bêtises pour manifester sa colère et les punir. La
première est la grâce sans la vérité – l'indulgence douce sans le feu de
la sainteté, qui conduit à une permissivité irresponsable. La seconde
est la vérité sans grâce – une religiosité impitoyable qui conduit à
un légalisme rigide sans véritable amour. Certes, il n'est pas facile
de maintenir l'équilibre entre grâce et vérité, mais elles doivent être
mises en tension pour la nécessité et l'intégrité de l'amour saint.

Fondamentalement, le fait que tant de personnes dans nos églises
sont chrétiennes de nom mais ne sont pas des disciples de Jésus-
Christ qui est Seigneur constitue le grand problème de l'église aujourd'hui. Le fait que le discipulat consacré (qui consiste à apprendre
à vivre dans le royaume de Dieu comme Jésus l'a fait) soit devenue

facultative, sauf pour les plus radicaux d'entre nous, est désastreux, non seulement parce qu'il perpétue l'idée que Jésus peut être notre Sauveur sans être notre Seigneur, mais, peut-être plus important encore, parce qu'il suppose que la grâce est donnée pour nous accepter tels que nous sommes mais n'a aucune incidence sur ce que nous devenons.

L'observation de C. S. Lewis selon laquelle « le chrétien ne pense pas que Dieu nous aimera parce que nous sommes bons mais que Dieu nous rendra bons parce qu'il nous aime » est simplement une autre façon de dire que Dieu nous aime tels que nous sommes mais qu'il nous aime trop pour nous laisser à ce stade. L'amour de Dieu est un amour saint. De ce fait, le genre de personnes que nous devenons importe à Dieu. L'amour saint est plein de grâce et de vérité. L'amour saint élimine la grâce bon marché. L'amour sacré devient la condition et le moyen de devenir un disciple. L'amour saint exige que nous portions notre croix et que nous suivions Jésus.

Si le fait de porter notre croix semble être un message difficile pour notre époque, envisagez l'alternative suivante : une existence anémique et insipide vécue pour soi-même (la religion sans relation). Je n'ai pas pu ignorer les commentaires de Dallas Willard sur le coût du « non-discipulat » (ses propos) :

> Le coût du non-discipulat est bien plus élevé ... que le prix payé pour marcher avec Jésus. ... Le non-discipulat coûte une paix durable, une vie imprégnée de l'amour, une foi qui voit tout à la lumière de la gouvernance primordiale de Dieu pour le bien, une espérance qui tient bon dans les circonstances les plus décourageantes, le pouvoir de faire ce qui est juste et de résister aux forces du mal. En bref, le non-discipulat vous coûte exactement cette vie abondante que Jésus a promis d'apporter (Jean 10.10). Le joug à la forme de la croix de Christ est après tout un instrument de libération et de puissance pour ceux qui vivent avec lui et

apprennent la douceur et la petitesse du cœur, qui offre le repos à l'âme.[4]

Le discipulat est un parcours de grâce qui commence et se termine avec Jésus, qui est le Chemin, la Vérité et la Vie. Le discipulat consiste à suivre Jésus alors que nous devenons, par sa grâce, de plus en plus semblables à lui. Le voyage est initié et soutenu par la grâce, mais il est revitalisé lorsque nous coopérons librement avec Jésus comme Seigneur.

Les chrétiens naissent, les disciples sont faits. Notre destinée consiste à devenir semblables à Christ ; la grâce guide notre parcours.

---

4. Dallas Willard, *The Great Omission* (*La Grande Omission*), 8.

www.ingramcontent.com/pod-product-compliance
Lightning Source LLC
Chambersburg PA
CBHW031533040426
42445CB00010B/512